Courtney A. Walsh

Du darfst strahlen, fliegen, lachen und weinen, verletzt sein und heilen, hinfallen und wieder aufstehen

du bist perfekt!

DIE FACEBOOK SENSATION

Aus dem Amerikanischen von
Theda Krohm-Linke

AMRA

Brandheiße Infos finden Sie regelmäßig auf:
www.facebook.com/AMRAVerlag

Besuchen Sie uns im Internet:
www.AmraVerlag.de

Amerikanische Originalausgabe:
Dear Human. A Manifesto of Love,
Invitation and Invocation to Humanity

2017 erstmals Deutsch im AMRA Verlag
Auf der Reitbahn 8, D-63452 Hanau
Telefon: + 49 (0) 61 81 – 18 93 92
Kontakt: Info@AmraVerlag.de

Herausgeber & Lektor	Michael Nagula
Umschlaggestaltung	Guter Punkt
Satz & Layout	Birgit Letsch
Druck	CPI books GmbH

First published by Findhorn Press, Scotland

ISBN Printausgabe 978-3-95447-271-0
ISBN eBook 978-3-95447-272-7

Als ich

meinen Verstand verlor,

fand ich mein Herz.

Inhalt

Courtney A. Walsh
weiß, wo's lang geht.
Sie kennt die Höhenflüge und
die Niederungen des Lebens,
die Nebenwege, das
Verworrene und Zerbrochene.
Kurz und gut: Sie weiß, was es
heißt, ein MENSCH zu sein.
Ich bin tief beeindruckt von
ihrer Weisheit und unglaublich
dankbar für ihre Geschichte.

Elizabeth Gilbert,
Autorin von Eat Pray Love und Big Magic

*»Mit ihrer einzigartigen
und einfühlsamen
Weisheit ist Courtney Walsh
eine frische und inspirierende
Stimme für all jene, die
gerade zu einem bewussten
spirituellen Leben erwachen.
Ihr Buch ist dazu bestimmt, ein
Klassiker zu werden!«*

*Arielle Ford, Autorin von
Das Geheimnis der Liebe*

Einleitung

Also schrieb ich dieses … DINGS

Über bedingungslose Liebe. Und es lief megamäßig stark. Es hat ein wildes, blendendes, riesiges Eigenleben entwickelt. Man hat es einen Liebesbrief, ein Manifest, ein Gedicht, einen Kampfschrei genannt, und Millionen Menschen auf der ganzen Welt haben es geteilt und kommentiert. Es war in einer Frauensendung, wurde in Yoga-Kursen vorgelesen, ausgedruckt und in Toilettenkabinen auf der ganzen Welt aufgehängt, von einer Kardashian getwittert (Hi, Khloe: du bist toll!), von Elizabeth Gilbert geteilt, die eins meiner absoluten Lieblingsbücher geschrieben hat: *Eat Pray Love* (#yeahTHATwasAWESOME) … Es wurde auch in mehrere Sprachen übersetzt, in Hochzeitsgelübden rezitiert, auf Literatur- und Universitäts-Websites und in Psychologiebüchern erwähnt sowie in Radio-Interviews, und es kam in unzähligen Blogs vor. Und eigentlich ist es, jedenfalls für mich, eine Saat, die Saat einer Kraft gebenden

Bewegung, die sich auf Selbstmordprävention und Wahrnehmung von Mobbing konzentriert. Ein ganz neuer Weg, um Liebe zu sehen, zu erfahren und zu teilen. Das war es nicht von Anfang an, aber es hat sich so entwickelt. Es ist eine Sternensaat, die in ihrem kleinen Wörter-Raumschiff auf die Erde gekommen ist. Sie scheint das individuelle wie das kollektive Bewusstsein anzurühren und uralte und zukünftige Erinnerungen an wahre Liebe aufzuwühlen. Und wie haben wir sie meistens verstanden?

Falsch.

Als wir heranwuchsen, hörten wir nur, dass wir es falsch machten. »Es« war das Leben. Wenn du Tagträume hattest, hieß es sofort: »Pass auf! Konzentrier dich!« Wir sollten mehr sein, mehr tun, immer danach streben, besser werden zu wollen. Klüger. Schneller. Gehorsamer. Unabhängiger. Wenn du emotional warst, hieß es »Reiß dich zusammen!« oder »Sei nicht so empfindlich!«. Es ist an der Zeit, dieses über Generationen andauernde ewige Schimpfen, die missbilligende, reflexhafte Konditionierung, die großen Schaden in unserer Psyche und unserem Geist angerichtet hat, aufzulösen. Es hat in uns allen diesen Riss bewirkt. Wir fühlen uns entweder nicht genug oder zu viel. Aber nie ganz richtig.

Hör zu, du hast nichts falsch gemacht. Du musst nichts heilen oder reinigen, nichts korrigieren, verändern, predigen, lehren, erreichen, erklimmen, gutmachen, loslassen oder festhalten. Nichts davon. Das alles gehört zu den Lügen, die dir diejenigen aufgetischt haben, die selber auch nur die gleichen Lügen erfahren haben. Du musst dir Liebe nicht verdienen. Du musst sie auch nicht lernen. Du musst dich nicht der Liebe würdig erweisen. Du musst nicht kämpfen, leiden oder opfern. Es gibt keinen richtigen oder falschen Weg, um zu lieben. Also, lass diese alten Geschichten hinter dir. Öffne dich. Vertraue und entspann dich. Gib dich hin und gib dich nie auf. Du bist im Kern rein und ungetrübt vollkommen. Du bist ganz und heilig. Du bist wach und lebendig. Das sind wir alle. Das Schwert, der Stift, das Windrad, der Seifenblasenring. Wir alle sind jetzt Magier, Krieger, Weise, göttliche Kinder und kluge Alchimisten. Und Liebe ist unser Geburtsrecht, unser Erbe und unser Schicksal. Unsere Herzen wissen immer, was real und wahr ist. Sie haben es nie vergessen. Und so langsam holt unser Verstand auf. Sei sanft mit der Erinnerung.

Auf jeden Fall ist hier das DINGS, das ich über diese bedingungslose Liebe und diesen Perfektionismus-Kram geschrieben habe und das ich immer noch selber lesen muss – und zwar oft. Denn irgendwie bin ICH das, die da schreibt. Und ich bin so – ach, vergiss es. Obwohl es mich manchmal zum Weinen bringt oder ich mich frage: Was zum Teufel passiert hier eigentlich WIRKLICH? Wenn nämlich deine Worte von Millionen von Menschen gelesen worden sind, dann hast du ein ganz neues Level im Spiel erreicht, und das ist sehr surreal, wundervoll und erschreckend zugleich. Ich meine, nicht dass ich mich beklagen will. Es ist aufregend, und es macht einen demütig. Es ist alles so … MENSCHLICH.

»Lieber Mensch,
du hast das alles falsch verstanden.

Du bist nicht hier, um bedingungslose Liebe zu meistern. Die ist da, wo du herkommst und wohin du wieder zurückgehst. Du bist hier, um persönliche Liebe zu lernen. Universelle Liebe. Chaotische Liebe. Verschwitzte Liebe. Verrückte Liebe. Kaputte Liebe. Totale Liebe. Durchdrungen von Göttlichkeit. Gelebt durch die Anmut des Stolperns. Offenbart durch die Schönheit des Scheiterns ... meistens.

Du bist nicht hier, um perfekt zu werden. Das bist du schon.

Du bist hier, um prachtvoll menschlich zu sein. Fehlerhaft und fabelhaft. Und um dich dann wieder zu erinnern. Aber bedingungslose Liebe? Erzähl mir nichts. In Wahrheit braucht Liebe KEINE Adjektive. Sie muss nicht verändert werden. Sie muss nicht perfekt sein. Sie bittet dich nur, da zu sein und dein Bestes zu geben. Du sollst präsent sein und alles fühlen.

Du sollst strahlen und fliegen und lachen und weinen, verletzt sein und heilen, hinfallen und wieder aufstehen, spielen und arbeiten, leben und sterben als DU.

Das ist genug. Das ist so viel.«

Also werde ich versuchen, dir ein paar Denkanstöße zu geben und mich darüber auszulassen, wie ich zu dieser elegant einfachen und doch zutiefst komplexen Offenbarung über Liebe gekommen bin. Dieses Buch ist ein bisschen wie ein Patchwork-Quilt, mit mehr Liebe als Können zusammengesetzt, und ich hoffe, er vermittelt dir gleichermaßen Behagen und Unbehagen. Ich will das Behagliche aufwühlen und das Unbehagen behaglich machen. Ja. Das bin ich – mit wenigen Worten.

Und ich warne dich auch … Manchmal ist meine Erinnerung lückenhaft, und ich neige dazu, ausschweifend, rechthaberisch, albern, aufsässig und unkonzentriert zu sein. Du wirst dich furchtbar über mich ärgern, aber du wirst dich auch hoffnungslos in mich verlieben, ein bisschen jedenfalls. Ich bin an gemischte Reaktionen gewöhnt.

Wenn du den Status Quo von etwas Bedeutsamem in Frage stellst, lieben und hassen dich die Leute dafür. Vor allem, wenn es um so große Themen wie LIEBE, SPIRITUALITÄT, FREIHEIT, MACHT, OPFER, SOUVERÄNITÄT, INTIMITÄT, SELBSTMORD, MOBBING und so weiter geht. Und über diese Themen schreibe ich am liebsten.

Dieses Buch kann Gespräche am Abendbrottisch auslösen, in deren Verlauf mit Kartoffelpuffern geworfen wird, Tränen fließen und Türen geschlagen werden können. Vielleicht lösen sie auch Scheidungen aus, oder Liebende lernen ganz neue Seiten an sich und dem anderen kennen. Und in der Stille zwischen den Debatten und Diskussionen erinnerst du dich hoffentlich an die wesentlichen Grundsätze des DINGS. Dass DU DU bist, ist alles, um was ich dich gebeten habe. Punkt. Ausrufezeichen! Ich verspreche dir, wenn du dich daran hältst und es durchhältst, dann knüpfst du dir ganz neue kosmische DNA-Gänseblümchenketten. Zumindest hast du Spaß am Abendbrottisch. Und wenn du es mit unzugänglichen oder religiösen Familienmitgliedern zu tun hast? Dann rüttelst du eben an Gitterstäben und bringst das Boot zum Schaukeln. Aber ich verrate dir ein kleines Geheimnis: Tu es trotzdem, einfach nur zum Vergnügen. Und warum? WEIL DU ES KANNST. Ich übernehme allerdings keine Haftung.

Nimm es nicht zu ernst; es ist ja nur ein kleiner Text, den ich geschrieben habe. Und er kann dich entweder befreien oder ins Gefängnis bringen. Dich beruhigen oder erregen. Dich anfeuern oder dich zum Schweigen bringen. Vielleicht je nach Mondzyklus auch alles auf einmal.

Dieser Teil liegt völlig bei dir.

TMI-Moment: Als ich diesen Text und im Grunde auch alle Überlegungen, die daraus entstanden, aufschrieb, war ich sehr frustriert verliebt (unerwidert muss ich hinzufügen) in zwei jüngere Männer. Danach verliebte ich mich in einen Mann, der »vom Alter her passender« war … aber es stellte sich heraus, dass er absolut impotent war. Das war ein ziemlicher Reinfall! Mein Gefühl kippte von einer gescheiterten Silberlöwin zu einer gescheiterten älteren Liebespartnerin eines impotenten britischen Schamanen, der obenrein viel zu viel trank. – Ja, wir machen jetzt mal weiter und spulen DAS einfach vor, oder? Also, im Grunde wollte ich die ganze Sache mit Liebe und Sex, Anziehung und Zuneigung, Intimität, Geist und Körper entschlüsseln. Ich wollte verstehen, wie die Chemie zwischen zwei Menschen funktioniert. Aber ich wollte mich auch der Liebe nähern, ohne darüber in wissenschaftlichen Begriffen zu denken. Wichtiger war mir, wie unsere Göttlichkeit und Menschlichkeit zusammenwirken, damit dieser menschliche Eintopf aus Leben, Liebe und diesem verrückten Trip um die Sonne herum, den wir so hartnäckig unternehmen, entsteht.

Ich wollte die chaotische Schönheit der Liebe verstehen. Und ich wollte sie ein bisschen hübscher machen, sie dabei aber auch ursprünglich lassen. Also meditierte ich viel. Und ich schäme mich nicht, es zuzugeben (Ma, den nächsten Abschnitt kannst du überspringen), ich masturbierte auch. Viel. Ungefähr so viel wie ein Vierzehnjähriger mit fleckigen Laken. Aber ich war eine 40-jährige Frau, sexuell im besten Alter. Ich hatte keine Kinder und wurde nicht gevögelt. Und deshalb schrieb ich … dieses DINGS. Und es wird von so viel mehr als nur Einsamkeit oder Geilheit beflügelt. Es ist die Einladung meiner Seele, wirklich damit zu beginnen, Liebe mit neuen Augen zu sehen. Und Orgasmen zu haben, zu lachen und zu weinen, und das ganze menschlich-göttliche Spektrum an Gefühlen im Leben. Und statt zu versuchen, das Unangenehme zu vermeiden oder davor wegzulaufen, solltest du es lieber in Kunst und Leben verwandeln.

Das ist also ECHT persönlicher Kram. Und jetzt zu universellerem Kram. Und denk immer daran: Ich habe dich gewarnt … Nimm bloß nicht alles wörtlich und ernst, sondern mit einer Riesenportion Humor.

Teil 1

Du hast das alles falsch verstanden (aber eigentlich doch nicht)

Es war einmal jetzt

Früher einmal, vor Tausenden von Jahren, wurden Zeichnungen in Stein geritzt. Sie erzählten epische Geschichten von großen Königen, Königinnen, Märtyrern, Kriegern, Eroberungen, weisen Frauen, Magiern und normalen Menschen. Stämme und Reisende saßen ums Feuer herum, sangen und erzählten Geschichten, gaben Vermächtnisse und Prophezeiungen an jede nächste Generation weiter.

Vieles ging bei der Übersetzung verloren. Vieles wurde falsch interpretiert, verzerrt, falsch dargestellt, übertrieben, gekürzt. Damit begann eine lange Tradition von belehrenden Geschichten, romantischen und heroischen Abenteuern, blutigen Kriegsgeschichten, witzigen Fabeln und so weiter.

Hunderte von Jahren später wurden in der ganzen Welt zahlreiche heilige Bücher geschrieben. Die darin enthaltenen moralischen Regeln wurden in Mythen und Wahrheiten hineingewoben, alles ging drunter und drüber. Menschen lasen diese Bücher als religiöse Grundlage und richteten ihr Leben danach aus. Kriege entbrannten an der Frage, wessen Geschichte wohl die beste Schöpfungsgeschichte war und wie man den oder die Schöpfer am besten ehren konnte. Aber es war keine Einigung darüber zu erzielen, wie und durch wen die Welt begann. Oder warum wir da sind. Oder wohin wir gehen. Kommt dir das bekannt vor?

Und dann … ging das Leben ein paar hundert Jahre lang mit Lichtgeschwindigkeit voran. Industrielle und technologische Entwicklung nahmen so epische Formen an, dass die Leute zu ihren heiligen Büchern griffen, als seien es alte Stofftiere, mit denen sie sich trösteten. Die Seiten waren abgegriffen, zerliebt, oft zitiert und vergilbt. Die meisten Ideen altmodisch, aber vertraut. Geschrieben in einer Sprache der Angst, der Scham, des Vorwurfs, der Schuld, der Wut und des Kummers. Diese Sprache wurde zur kollektiven DNA wie eine rezessive genetische Prädisposition für Krebs. Sie wurde einfach akzeptiert, selten in Frage gestellt. Sie war, was sie war. Es war *unsere* Geschichte, und wir kannten sie auswendig.

Und nun spulen wir vor auf das *Jetzt*.

Es ist an der Zeit, dass die Menschheit neue Parabeln schreibt. Wir brauchen neue Stimmen. Eine neue Sprache. Es ist Zeit für neue Bücher. Neue Lieder. Neue Bilder. Tradition und Nostalgie haben uns zuerst verbunden. Dann jedoch hat die Angst uns getrennt, voneinander und vom Göttlichen. Sie hat uns einsam, isoliert und verängstigt gemacht. Wir hatten immer Angst.

Aber jetzt ist es endlich an der Zeit, reinen Tisch zu machen und neu anzufangen. Vor uns liegen leere Seiten. Uralte Weisheit in moderner Zeit ist ein Anachronismus, wenn man sie nicht mit den Augen der LIEBE sieht. Wenn sie immer noch dazu dient, uns zu trennen, ist es gar keine Weisheit, sondern einfach nur mehr von der alten Geschichte.

Tief im Inneren weiß ich, dass unsere Geschichte ein Happy End hat. Und das ist kein blindes Abstreiten. Das ist kein Trotz. Ich weiß es einfach. Und du – wenn du ehrlich mit dir selber bist – weißt es auch.

Wir haben einfach nur Angst bekommen. Und wir vergessen. Also klammern wir uns an den Trost dieser alten vertrauten Wege und Worte. Daran ist nichts falsch. Es ist Teil unserer Geschichte, wenn auch nicht der beste Teil.

Und der? Muss erst noch geschrieben werden. Und er beginnt damit, dass wir neue Fragen stellen …

Was wäre, wenn alles von einer höheren Hand gelenkt würde?

Was wäre, wenn sich alles nach einem tieferen Plan entwickelte?

Was wäre, wenn es nicht nur eine einzige Wahrheit gäbe, sondern viele Wahrheiten, die sich alle zu einer harmonischen, kosmischen Sinfonie mischen?

Was wäre, wenn es kein besser oder schlechter, kein falsch oder richtig, kein wach oder schlafend, kein weiß oder schwarz, kein gut oder böse, kein einfach oder komplex, kein offen oder verborgen und so weiter gäbe, sondern nur Abstufungen von Verständnis/Mitgefühl/Liebe?

Was wäre, wenn unsere Frustration, unsere Furcht, unsere Angst, unser Leid dazu gedacht wären, uns aufzuwecken, stark zu machen, weich zu machen und uns in leidenschaftliche, freudige, verbundene, klare, konzentrierte Mitschöpfer unseres eigenen Realitätskonstrukt zu verwandeln?

Was wäre, wenn wir unsere wesentlichen Fragen ändern würden?

Was wäre, wenn wir aufhören würden zu fragen, »Warum bin ich hier?«, und stattdessen fragten, »Wie kann ich mehr lieben und authentischer geliebt werden?«.

Was wäre, wenn wir statt ständig zu fragen, wie wir mehr verdienen oder besser leben können, fragen würden: WIE KANN ICH STRAHLEN?

Wie kann ich anderen zeigen/helfen/erlauben, ebenfalls zu STRAHLEN?

Was wäre, wenn wir andere Antworten suchten?

Was wäre, wenn es keine wichtigeren Antworten oder Fragen gäbe, als unsere Fähigkeit, unsere Richtlinien, unser Privileg und unsere Natur, ganz, glücklich, gesund und frei zu SEIN?

Was wäre, wenn wir zu unserer eigenen Schwingungsessenz neigen würden, statt uns von dem, was andere denken, fühlen, tun oder sind, aus unserem Fokus, unserer Mitte und unserer Richtung reißen zu lassen?

Was wäre, wenn wir aus einem vollen, überfließenden Brunnen schöpfen würden, statt aus einem, der leicht austrocknet?

Was wäre, wenn wir uns alle zusammentäten und eine Gemeinschaft, Familie und Gesellschaft voller Freundlichkeit und Fürsorge schaffen würden, die unserem Geist entspricht und unseren Glanz strahlen lässt?

Was wäre, wenn wir uns in Liebe erheben würden, statt in Angst zu stürzen?

Mmmmhmmm. Ja, wirklich, was wäre, wenn?

Ich liebe uns alle. Die In-Frage-Steller, die Besserwisser, die gefühlsbetonten Typen, die unermüdlichen Wahrheitsforscher, die selbstgerechten Angstverbreiter, die Luftikusse, die Diven, die Märtyrer, die Schwarzen Schafe, die Goldenen Kinder. Ich war das alles schon ;))). Doch wie wir uns oder andere sehen/kennzeichnen/begrenzen, ist nichts im Vergleich dazu, wie uns das Göttliche sieht.

Wir alle haben einen Platz. Eine Stimme. Einen Zweck. Einen Grund.

Darin sind wir uns ALLE gleich.

WIR halten den Stift, die Kreide, das Mikrofon, bedienen die Tastatur. WIR haben den Schlüssel, die Macht, die Worte, die Musik und das Schweigen. WIR sind die Geschichtenerzähler, diejenigen, die sie verweben und erleben, sie singen, malen und anregen.

Erzähl die Geschichte von *Jetzt*. Erzähl sie voller Liebe. Verwebe sie mit Hoffnung. Sing sie mit Licht. Male sie mit Freude. Entwirf die Zukunft und beobachte, wie sie besser wird, als du dir zum jetzigen Zeitpunkt vorstellen kannst. Löse die Fesseln der Vergangenheit. Die Vergangenheit will von ihrer schweren Bürde befreit werden.

Erzähl die Geschichte von dir im *Jetzt*. Von uns im *Jetzt*. Vom WIR im *Jetzt*. Vergiss das »sie« und lass GUT sein. Wer immer nur von »sie« redet, ist ein Pessimist.

»Ihre« Geschichte ist vorbei. Unsere beginnt jetzt erst. Sorg dafür, dass sie GUT wird. Eine globale Liebesgeschichte. Mit einem glücklichen Anfang, einer glücklichen Mitte und einem glücklichen Ende.

Die Opferleier

Sich als Opfer zu geben, kann eine Sucht sein. Es ist hinterhältig und weit verbreitet. Und es ist arrogant. Wir sind nicht mehr so unwissend wie die Generationen vor uns. Wir wissen, dass es andere Menschen klein hält, wenn man ständig mit dem Finger auf sie zeigt und ihnen Vorwürfe macht. Wir sollten es doch wirklich besser wissen. Was zählt, ist, dass du die Verantwortung für dich übernimmst. Selbstmitleid ist sowas von out. Natürlich kannst du immer weiter auf der Opferleier spielen, aber niemand wird dir mehr zuhören. Und zum Glück! Wenn nämlich die ganze Welt sich gegenseitig ständig zu Selbstmitleidpartys einladen würde, würden wir alle verwelken und sterben. Leg also die Opferleier in den Schrank.

Es ist Zeit, für uns alle. Wir wissen es besser. Fühle. Geh in dich. Tobe und weine und befreie dich von ALLEM. Und dann lass los. Mach weiter. Such dir eine neue Melodie. Oder auch nicht. Das liegt ganz an dir.

Solange wir ihm diese Rolle nicht zuweisen, ist niemand ein Held oder ein Schurke in unserer Lebensgeschichte. Wir versuchen gerne, dieser universellen Regel auszuweichen oder Ausnahmen zu machen. Wir denken gerne, wir seien anders, unsere Opferrolle sei irgendwie schlimmer als die der anderen. Wir benutzen sie als Schnuller, weil wir dann nämlich nicht an unserer inneren Heilung zu arbeiten brauchen. Wir sagen: »Ich bin stark, weil für mich nie jemand da war. Ich musste immer alles alleine machen.« Wir behaupten, die Menschen in unserer Kindheit hätten uns nur kontrolliert,

Narzissten, die uns emotional missbraucht hätten. Und wir baden in Selbstmitleid. Oder wir übertünchen alles mit falscher Vergebung. Aber wir haben trotzdem immer noch die Wahl. Wir können in Vorwürfen und Scham verharren. Oder wir können ein neues Level der Freiheit erreichen. Empowerment – Selbstermächtigung – bedeutet, dass du dein inneres Opfer siehst und erkennst, wenn es zum Vorschein kommt. Danke ihm und nimm die Gaben und Lektionen, die es dir erteilt, an. Aber dann wendest du dich ab und gehst bewusst in eine andere Richtung.

Ich kann mich noch gut an den Tag erinnern, als mein Opfer komplett die Herrschaft über mein Leben übernommen hatte. Es war der Tag, an dem ich versucht habe, mir das Leben zu nehmen. Ich weiß noch, dass »ich« aus dem Haus ging. Mein Opfer-Ich, das keinen Zugang zu dem künftigen starken Ich hatte, beschloss, die Garage meiner Eltern bei laufendem Motor sei der geeignete Ort, um meinen Qualen ein Ende zu setzen. Es stimmte nicht. Meine Eltern kamen zu früh nach Hause und unterbrachen meinen Selbstmordversuch. Mein Dad schlug das Autofenster ein und rief den Notarzt. Anschließend gab es viel Geschrei, Schuldzuweisungen und Drama. Und ich kapierte es. Ich habe es wirklich verstanden. Ich sage gerne, ich bin von ganz unten nach ganz oben geklettert.[1] Natürlich ist das nicht über Nacht passiert,

---

1 Ich habe ein Buch über meine Heilung geschrieben, in dem ich nichts auslasse, einschließlich Elektroschocktherapie, Schokoladentherapie und holistischer Therapie. Es heißt *Lipstick and Thongs in the Loony Bin: A Memoir* (»Mit Lippenstift und Tangas in der Klapse – ein Erinnerungsbuch«) und liegt nur auf Englisch vor.

und ich habe es auch nicht alleine bewältigt. Aber es gab eine Entscheidung. Einen Entschluss.

Ich erinnere mich, dass ich damals das Gefühl hatte: »Wenn ich auf diesem Scheißplaneten bleibe, dann zu meinen Bedingungen. Ich werde so leben, wie ich will. Und ich werde GLÜCKLICH sein.«

Diese Sturheit und ein Golf-Club haben mir das Leben gerettet. Ich warf die kleine Jammerleier auf den Scheiterhaufen meines alten Lebens. Und ich beschloss, die Erde nicht mehr als Gefängnis oder Schule zu sehen, sondern als Spielplatz. Ich sage nicht, dass ich jetzt da lebe, aber ich bin seitdem häufig da.

Und ich habe definitiv das Staunen und die Freude wiederentdeckt, die dieser Ort einem bietet. Und ich sehe uns auf dem *Aufstieg*, nicht auf dem Abstieg.

Und das ist die Veränderung, die wir jetzt gerade alle vollziehen. Ein erfülltes Leben führen oder langsam sterben? Überleben oder gedeihen? Trauern oder feiern? Sich abrackern oder durchs Leben tanzen? Und diese Schaukelbewegung macht das Leben zu einem Spielplatz. Mit ständigen Pausen. Und einer ganzen Schachtel voller Buntstifte.

Märchen und Fabeln

Die Leute erzählen dir gerne, das Leben sei kein Märchen. Beziehungen erforderten harte Arbeit. Es sei nicht alles nur Sonnenschein und Rosen. Ich kann diesen Leuten nur erwidern: Nein, und nochmal nein. Das Leben und die Liebe sind das, was WIR daraus machen. Es ist eine göttliche Romanze, in der sich spiegelt, was wir glauben und erschaffen möchten. Du kannst natürlich deinen Kopf pessimistisch in den Sand stecken. Du kannst die Schönheit und Magie um dich herum leugnen. Du kannst so tun, als seien wir dazu geboren, zu kämpfen und zu leiden. Aber ICH? Ich erschaffe mir eine andere Geschichte. Eine, in der ich für immer glücklich lebe. Ich erschaffe sie, und ich ändere sie, und sie entwickelt sich von Tag zu Tag neu. Die alten, müden Geschichten sagen mir nichts. Noch nie ist etwas aus der Überzeugung entstanden, es sei nicht möglich. Oder auch unvermeidlich. Also. Ich will das moderne Märchen. Ich will Sonnenschein UND Rosen. Ich will den Traum von ewig dauernder Liebe, die authentisch, fröhlich, sinnlich, friedlich und leidenschaftlich ist. Hör auf, mir ständig die gleichen alten Lügen zu erzählen. Die Geschichten von »Das Leben ist so hart« sind für die Schwachen und Fügsamen. Und WIR sind viel zu klug und stark, um auf diese Tricks noch hereinzufallen. Gequirlter Quatsch. Strebe nach Hoffnung … nach Magie. Sollen die anderen dich doch als naives, an Märchen glaubendes Dummchen bezeichnen. Du brauchst dich den Griesgramen und Zynikern doch nicht anzupassen.

Gelegentlich, allerdings heutzutage immer seltener, begegne ich Leuten, die Sachen sagen wie »Das Leben … besteht nicht nur aus Regenbogen, Einhörnern, Feen und Gummibärchen«. Für gewöhnlich entgegne ich dann: »Natürlich nicht … es gibt auch noch Schokolade, Orgasmen, Lachen, bis du dir in die Hose machst, und Weinen, bis dein Herz rein ist.« Meistens verdrehen sie dann die Augen und seufzen. Aber das bringt mich nur noch mehr zum Lachen. Und ich glaube, ich lasse mir demnächst auch Visitenkarten drucken, auf denen steht: »Regenbogen-Einhorn-Gummibärchen-Feen-Brigade. Zu Diensten. Du brauchst gar nicht das Gesicht zu verziehen! Eine neue ›reale Welt‹ erschafft man nur mit Sonne im Herzen, während du bloß jammerst … aber du bist herzlich willkommen.«

Ohne die Magie der Liebe wäre das Leben verdammt langweilig. Echte Magie tanzt zwischen den Schatten und dem Licht. Sie hat alle Farben und sogar manche, die wir noch gar nicht kennen. Du musst tief in das Herz des Vertrauens eintauchen. Dort ist nicht nur alles möglich, sondern sogar unvermeidlich. Wenn du dich also einsam fühlst, dann feiere dieses Gefühl. Dieser Seelenschmerz ist deine Einladung zum Tanz. Wenn du selig bist … dann versuch nicht zu beklagen, dass das Gefühl nicht andauert. Der beste Weg zu einem Leben voller Magie ist Tanz. Es ist kein Tanz zwischen Gut und Böse. Oder hell und dunkel. Falsch und richtig. Reinheit und Heuchelei. Es ist ein Tanz zwischen dir und dem Leben. Und zwischen den Geschichten über »Das Leben ist hart« und »Das Leben soll leicht und lustig sein« ist immer die Liebe.

Als ich ein Kind war, erzählte meine Nana mir Geschichten von ihren Reisen, von ihrer Kindheit und Märchen von den Brüdern Grimm und Hans Christian Andersen. Das waren die Disney-Filme von früher. Es waren europäische Fabeln mit schönem, traurigem Ende, hinter denen die grundlegende Aussage steckte, dass man seine Kinder auf die Mühen des Lebens vorbereiten sollte, damit sie nicht an das Fantastische glaubten, sondern von klein auf wussten, dass die Realität hart ist und wir alle sterben müssen. Fabeln hatten eine Moral und sollten die Kinder lehren, Angst vor der Dunkelheit zu haben und sich gut zu benehmen, damit sie nicht von Monstern aufgefressen würden. Besonders fröhlich war das nicht, aber es enthielt eine wichtige Lektion – manchmal gab es eben kein glückliches Ende.

Manchmal raubte die Armut einem kleinen Mädchen ohne jeden Grund das Leben. Mein Liebling unter diesen makabren Geschichten war *Das kleine Mädchen mit den Schwefelhölzern.* Ich bat meine Nana immer wieder, mir das Märchen zu erzählen ... Warm eingepackt in ihrem Arm, eingehüllt in eine Wolke von Parfüm und das Klimpern ihrer goldenen Ketten, Armreife und Ringe, genoss ich es, wie Nana es verstand, mir die Szene plastisch vor Augen zu führen und die Geschichte spannend zu erzählen. Ich war ungefähr sechs Jahre alt, und sie passte eines Abends auf mich auf, als meine Eltern zu einer Silvesterparty bei Freunden eingeladen waren. Auch wir feierten eine Silvester-»Party«, mit Ginger Ale statt Champagner und M&Ms zum Dessert ... wenn Nana zu Besuch kam, war alles eine Party und jeder Anlass wurde gefeiert. Und vor dem Schlafengehen war es Zeit für eine GESCHICHTE.

»Nana, erzähl sie noch einmal«, befahl ich ihr in dem tyrannischen Tonfall, den man nur bei Kindern und Drill Sergeants durchgehen lässt ... Sie sollte mir immer wieder meine Lieblingsgeschichte erzählen.

»Hast du die nicht schon oft genug gehört? Seit Jahren lese ich dir immer die gleiche traurige Geschichte vor. Sie endet doch immer gleich. Du weißt doch, dass das kleine Mädchen stirbt, und du weinst jedes Mal. Ich glaube nicht, dass es deinen Eltern recht ist, wenn ich dir diese Geschichte schon wieder erzähle. Du bekommst nur Alpträume. Wie wäre es stattdessen mit einem dieser Bücher? Du magst doch Dr. Seuss … er ist so lustig und albern.«

»Bittebittebitte!«, bettelte ich – wobei ich meine Taktik änderte: vom fordernden Kind wurde ich zum armen Bettelkind.

»Okay … noch einmal, aber du musst mir helfen. Deine Nana wird alt, und ich weiß nicht, ob ich mich noch so gut erinnern kann wie früher …«

»Nana … du bist nicht alt … du bist wunderschön«, beharrte ich.

»Und du bist mein besonderer Liebling, und ich liebe dich für immer und ewig, auch wenn ich im Himmel bin.«

Sie besiegelte das mit einem feuchten kratzigen Kuss, und ich wusste, dass Liebe sich wie nasses Sandpapier auf deiner Haut anfühlte. Ich wusste es einfach, so wie ich meinen eigenen Namen wusste, den zu buchstabieren mir Nana vor ein paar Jahren in mühevoller Kleinarbeit beigebracht hatte.

»Wann gehst du in den Himmel?«, fragte ich.

»Eines Tages.« Ihre Armreifen machten wieder dieses klirrende Geräusch, das ich so gerne hatte.

»Aber nicht heute, oder?«, bat ich.

»Nein, Süße, nicht heute«, antwortete sie.

»Gut.« Beruhigt lehnte ich mich zurück, um mir das schmerzlich süße, traurige Märchen vom kleinen Mädchen mit den Schwefelhölzern anzuhören.

»Es war einmal ...« Nana machte eine dramatische Pause und neigte ihren Kopf, um mich zu ermutigen, mit zu erzählen; das war interaktives Erzählen. Bei ihr gab es keine passiven Zuhörer. Ich musste etwas leisten, und es kam mir vor wie ein Spiel ...

»Ein armes, armes (zur Betonung gab es hier immer ein doppeltes ›arm‹) kleines Waisenmädchen, das Schwefelhölzer verkaufte!«, warf ich stolz ein.

»Das ist richtig ... und sie war SO arm ...« Sie nickte, um mir anzudeuten, dass ich an der Reihe war ...

»Dass sie weder einen Mantel noch einen Pullover, noch nicht einmal Handschuhe hatte, um ihre kleinen Finger warm zu halten. Und sie verkaufte Zündhölzer für einen Penny pro Schachtel. Das stimmt doch, Nana, oder?«

»Ja, das stimmt, mein kluges Mädchen ... und was noch ...?«, fragte sie.

»Und ... äh ... das habe ich vergessen ...« Ich zuckte mit den Schultern.

»Welche Jahreszeit war es?«, fragte sie nach ...

»SILVESTERABEND! WIE HEUTE!«, rief ich.

»Ein goldener Stern für dich!«, neckte sie mich dann und drückte ihren Daumen sanft auf meine Stirn.

»Und wie viele Streichhölzer hatte sie noch in der Schachtel?«, fragte sie.

»DREI!«, schrie ich.

»Genau. Aber hatte sie etwas zu essen?«, fragte sie.

»Nein.« Ich schüttelte traurig den Kopf.

»Hatte sie Eltern, die sie liebhatten?«, fragte sie.

Erneut schüttelte ich traurig den Kopf.

»Und was passierte, als sie das erste Schwefelhölzchen anzündete?« Nana legte den Kopf schief, und ich ahmte ihre neugierige Miene nach.

»Sie sah ein kuschelig warmes Feuer. Und sie … äh … wärmte sich an dem Schein?«, sagte ich halb fragend, halb antwortend.

»Du kennst die Geschichte aber gut, was?« Ich freute mich, dass meine Nana stolz und überrascht zugleich zu sein schien.

»Ja.« Ich lächelte. »Ich liebe diese Geschichte, vor allem aber, wenn du sie erzählst … den nächsten Teil musst du erzählen, Nana … Was ist passiert, als sie das zweite Streichholz angezündet hat?« Ich wollte den Rhythmus ihrer Stimme hören, sehen, wie schnell ihr Gesichtsausdruck wechselte.

»Nun … als sie das zweite Streichholz anzündete, sah sie einen wunderschönen Tisch mit Kerzen und gebratener Gans (iih, dachte ich … wer isst denn Gans? Aber ich schwieg und hielt den Atem an, als Nana weiter beschrieb, mit was für leckerem Essen der Tisch gedeckt war) …

… und es gab alle möglichen köstlichen Gerichte auf dem prachtvollen Tisch, und das kleine Mädchen aß sich rundum satt.«

»Aber dann …«, sagte ich mit schwerer, tiefer Stimme … Ich wusste, was jetzt kam.

Sie fuhr fort: »Dann erlosch das Streichholz, und der Tisch verschwand … Puff!«

»Nana«, unterbrach ich sie.

»Ja, Schätzchen?« (Klimper, klimper …)

»War ihr wieder kalt und hatte sie Hunger, als das Feuer und der Tisch mit einem Puff verschwanden?«, fragte ich besorgt.

»Nein, Liebling … Sie war immer noch satt und ihr war warm«, antwortete sie, um meine Sorgen zu zerstreuen. Ich stieß einen übertrieben erleichterten Seufzer aus und bedeutete ihr, weiterzuerzählen.

»Nana, und jetzt musst du mir von der Engel-Großmutter erzählen«, drängte ich gähnend. Ich wurde langsam schläfrig, wollte aber nicht das Beste verpassen.

»Als sie das dritte Streichholz anzündete, sah sie ein wundervolles Bild. Ihre Großmutter kam aus dem Himmel zu ihr, umgeben von strahlendem Licht.«

»Von strahlendem Licht«, wiederholte ich leise.

Und als ich einschlummerte, senkte auch sie ihre Stimme, bis sie nur noch flüsterte, und erzählte mir den traurigsten Teil der Geschichte … den Teil, wo das kleine Mädchen mit den Schwefelhölzern am Neujahrsmorgen tot und erstarrt gefunden wurde. Ihr kleiner, steifer Körper lag zusammengerollt neben einer leeren Schachtel mit Streichhölzern. Aber Nana beendete ihre Geschichte immer mit dem tröstlichen Hinweis, dass das Mädchen jetzt wieder mit seiner Großmutter im Himmel vereint war … Dort würde sie nie mehr frieren, nie mehr hungrig oder einsam sein, und jede Nacht würde sie wohlbehütet in den Armen IHRER Nana schlafen. Ende.

Sie drückte mich noch einmal fest und gab mir noch mehr kratzige Küsse, und dann beugte sie sich über mich, um das Licht auszuschalten, und ich glitt in eine strahlend schöne Traumwelt – eingehüllt in den Nachhall der klimpernden Goldarmreifen und der Körperwärme, die noch auf der Decke zurückblieb …[2]

Wie heilsam es doch ist, daran zu denken, dass die Geschichten aus unserer Kindheit uns nicht formen, einschränken oder definieren, wir sie aber trotzdem zu schätzen wissen. Wir erinnern uns liebevoll daran. Das ist die nährende Energie, nach der wir alle suchen, der wir nachjagen und die wir zugleich fliehen. Aber ich laufe nicht weg, und ich jage ihr auch nicht hinterher. Ich freue mich einfach nur an ihr und genieße jeden schönen Moment. Liebe ist weder eine Idee noch ein Gefühl. Es ist kein erhabener Ort und auch kein riesiger, unendlicher Raum, sondern die Kernessenz des ALLseins. Damit ich sagen kann, hier bin ich. Ich liebe diese Person, deren Haut ich trage. Ich liebe diesen Planeten, den ich gewählt habe, und all seine Bewohner. Ich laufe nicht vor mir selbst oder vor meinen Geschichten davon. Auch nicht vor dir oder deinen Geschichten. Ich bin so weit gekommen, dass ich jetzt, in diesem Moment, hier bin. Ich liebe das alles. Und? Ich lasse mich wiederlieben.

Das mit der Liebe neu lernen und vernetzen

Ich begegne vielen wohlmeinenden, aber beklagenswert fehlgeleiteten Menschen, die viel Blödsinn über bedingungs-

---

2 Auszug aus *Lipsticks and Thongs in the Loony Bin: A Memoir about going from Rock Bottom* (Selbstmordversuch) *to Rock ON* (ein pralles Leben voller Authentizität, Freiheit und SPASS).

lose Liebe verzapfen. Dann werde ich immer ganz kribbelig und verdrehe die Augen wie ein schlecht gelaunter Teenager. Diese Leute brauchen einfach einen Einlauf, einen Schnaps, einen Riegel Schokolade und einen Orgasmus. Die Reihenfolge ist egal. Alles, was ihre Elfenbeinturm-Mentalität erschüttert und sie von ihrem hohen Ross holt (wenn es nicht gerade Pegasus ist).

Du kannst dir deinen Weg in den Himmel nicht erkaufen, indem du auf überirdische Weise liebst. Erleuchtung, Ego, Sünde, das sind alles nur Illusionen und Verzerrung. Hier spielen keine pausbäckigen Cherubim mit Flügeln Harfe auf den Wolken. Es geht nicht um Lotussitz und OM oder orangefarbene Gewänder, das Chanten von Mantras oder das Verbiegen in Asanas. Du kannst das alles gerne machen, wenn es dir gut tut und dich weiterbringt.

Aber es gibt auch noch uns andere. Wir laufen nicht auf Zehenspitzen um dieses Zeug herum. Wir haben schmutzige Wäsche und müssen Rechnungen bezahlen. Wir streiten uns (innerlich oder laut) mit Liebhabern, Freunden, Chefs und Familienmitgliedern. Wir möchten am liebsten den Himmel bei den Eiern packen und zudrücken. So sehen einige von uns die Liebe. Leidenschaftlich. Erfüllt. Und das in jedem Augenblick. Drück sie, verdammt noch mal, DRÜCK SIE. Leg den Kristall und die heiligen Bücher weg und heule den Mond an. Grab deine Zehen in den Schlamm. Denk daran, dass du größer bist als deine zeitweilige Haut und hol das Beste heraus.

Wir alle sind multidimensionale, chaotisch-großartige Wesen, und in dieser irdischen Dimension und Kreuzung von Zeit und Raum haben wir so eine Art *spiritueller Amnesie*. Die Hauptaufgabe im Leben, jedenfalls für die meisten von uns, die Körper angenommen haben, ist, alles zu vergessen, was uns jemals darüber beigebracht worden ist, wie Liebe sein »sollte«. Und uns daran zu erinnern, was sie wirklich IST. Das geschieht sowohl auf persönlicher wie auf planetarischer Ebene.

Liebe ist NICHT: Opfer, schwere Arbeit, Dienst aus Verpflichtung oder Schuldgefühl, Selbstverleugnung, Sehnsucht nach jemandem, der unsere Gefühle nicht erwidert, mehr Bewunderung für jemand anderen als Respekt vor dir selber, Streben nach Bedingungslosigkeit, falsche Demut oder eine verzerrte Version von Perfektion. Sie ist NICHT Mitleid oder Sorge. LIEBE IST: ein Geschenk, Gegenwart und Erfahrung voll geteilt in unserer Ganzheit, Göttlichkeit und Authentizität. Freiheit. Sie ist, wer wir im Innersten sind, wer wir immer waren und ewig sein werden. Sie ist ein Substantiv, ein Verb, eine Energie, ein Licht, LEBENDIG. Sie hat keine Angst. Oder wenn doch einmal, dann rappelt sie sich schnell wieder auf und schüttelt die Angst ab. Sie vertraut dem Leben. Und du? Wir? Wir werden Liebesmeister und lebende Avatare, indem wir sie verkörpern und kühn neu definieren. Indem wir sie ausstrahlen. Sie in Frage stellen. Indem wir alle falschen, verzerrten Versionen hinter uns lassen und die zutiefst reizvolle Wahrheit verinnerlichen. Wir sind weder geheilt noch gebrochen von dieser unendlichen Strahlkraft göttlich-natürlicher menschlich-engelhafter LIEBE. Wir werden erinnert. Und wir stolpern alle gemeinsam in die Erinnerung.

Was *ist* eigentlich Liebe?

Nun, das ist eine gewaltige Frage. Es ist viel einfacher zu erklären, was sie NICHT IST. Es gibt acht Milliarden Menschen auf diesem grünblauen Planeten und wahrscheinlich doppelt so viele Definitionen und Theorien. Aber trotzdem … hier sind noch ein paar von mir. Guck einfach mal, wie sie sich in deinem Bauch anfühlen. Der ist nämlich der Lügendetektor und das GPS des Körpers.

Liebe ist nicht Aufopferung, sie ist geteilte Präsenz. Wenn die Liebe auf Gegenseitigkeit beruht, dann gibt es keine Machtkämpfe und Verpflichtungen, und der fröhliche Tanz, das wechselseitige Spiel von Geben und Empfangen kann losgehen. Heutzutage gibt es viele falsche Auffassungen vom Begriff Liebe, da ihn jeder für sich selber und seine Beziehungen definiert. Liebe hat nichts mit Märtyrertum zu tun. Diese Version wird genährt von der Aussage, dass Liebe keine Gegenliebe erwartet. Und man kann auch nicht sagen, dass Liebe auf eine bestimmte Weise gezeigt oder erwidert werden muss. All diese Sichtweisen sind unvollständig. Etwas Neues taucht auf. Geteilte Selbst-Souveränität, die über den Dienst an sich selbst oder an anderen hinausgeht. Das ist die höchste und reinste Form der Liebe. Und wir haben sie noch nicht einmal im Entferntesten gemeistert. Aber wir werden immer besser und besser darin. Die Liebe selbst? Lehrt und erinnert uns an ihre wahrste Natur. Die tiefste Essenz. Was ist Liebe also wirklich? Sie sagt es dir. Genau jetzt. Hör in dich hinein. Du weißt es. Du weißt es schon.

Liebe ist weder Eroberung noch Spiel, weder Fantasie noch Traum. Sie ist geteilte Realität von Bewusstsein und eine Reise der Erinnerung. Sie ist die Ehrung der Göttlichkeit, die sich im anderen widerspiegelt. Du wählst dir einen, mit dem du durch die Schönheit des Lebens tanzt. Und diese Wahl geschieht ständig. Wir wählen unsere Partner und Liebhaber bewusst aus. Wir bleiben nicht aus Angst zusammen, sondern kommen zu einer sich immer weiter vertiefenden Gemeinschaft zusammen. Wir wählen Treue. Wir wählen Intimität. Wir wählen Präsenz. Wir wählen Freiheit. Und tiefe Verbindung. Wir ehren, dass unser Herz die beste Wahl trifft. Wir folgen dem Ruf zu Wachstum. Wir erlauben uns selbst zu wissen, wann eine Beziehung ihre karmische Aufgabe erfüllt hat, und wir suchen harmonische Resonanz, indem wir uns auf alchimistische Schwingungen einstimmen. Das bedeutet im Grunde nur, dass wir besser als vorige Generationen wissen, wann die Party vorbei ist. Wir haben gelernt, uns nicht an das Bild zu klammern, wie es aussehen soll, sondern danach zu streben, wie wir fühlen wollen. Loszulassen und uns von Gott und dem Universum wieder zu dem unschuldigen Ort bringen zu lassen, an dem wir waren, bevor wir vergaßen. Liebe ist weder Strafe noch Belohnung. Es geht nicht darum, ob das Gras irgendwo anders grüner ist, und es geht auch nicht um Fluchtfantasien. Es geht nur darum zu wissen, was das Herz will. Und zuzugeben, was uns von innen erleuchtet und was nicht. Das kann ein schmerzhafter oder ein freudiger Prozess sein. Aber die Liebe bittet uns, Augen, Herz und Geist zu öffnen und einzutauchen. Zuzuhören. Aus der Seele zu sprechen. Und zu verknüpfen, nicht zu verwirren. Liebe ist das größte Geschenk von allen, wenn es um Selbstweisheit und Licht geht.

Viele werden jetzt in dieser Arena getestet. Es ist alles göttlich geleitet und getragen. Wir sind nicht allein. Alles ist gut. Unsere Vorfahren und unsere zukünftigen Ichs weisen uns weit hinaus über unsere mitternächtlichen Ängste, die uns würgen. Liebe ist unser bester Lehrer, und sie nimmt dich an der Hand, um dir deine eigenen Grenzen zu zeigen und dich weit über deine selbst auferlegten Beschränkungen hinaus zu tragen. Alles geht auf einmal so schnell. Bleib ruhig. Es ist zum Höchsten und Besten aller. Reinige häufig die Energien und gehe in dich, um Führung zu suchen. Vertraue, ergib dich und lass dich treiben. Bedanke dich und lass los. Lade das Licht ein. Und erinnere dich, wer du wirklich bist. Du bist Fingernägel und Wimpern des Göttlichen, geatmet mit jedem Windhauch und bebend in der explosiven Expansion und der Schubkraft des neuen Paradigmas. Also bleib cool. Geh sanft mit dem Flow mit und mach weiter.

Und willst du noch ein kleines Geheimnis wissen? Komm näher … Du kannst eigentlich nichts richtig ODER falsch machen. Das darf dich natürlich nicht davon abhalten, dein Bestes zu geben. Zu lernen, dich zu entwickeln, zu verbessern und zu lösen. Aber manchmal macht es die Dinge ein bisschen leichter. Und es erinnert dich daran, einfach weiter zu atmen. Ich beherrsche auch noch NICHTS davon. Aber ich suche immer weiter Puzzleteile zusammen und sehe das große Bild immer klarer.

Das ist im Übrigen eines der immer wiederkehrenden Motive: unser Drang zum Perfektionismus. Die emotionale

Lähmung, die dadurch hervorgerufen werden kann, und die frustrierte Hoffnungslosigkeit, die er hervorruft. Überall auf dem Planeten gibt es traurige Menschen, die ihrer Karotte hinterher jagen. Manche sind glücklicher als andere. Manche weniger glücklich. Aber sie/wir wachen auf und machen langsamer. Gucken genauer hin, was wir wirklich wollen und brauchen und was Glück überhaupt bedeutet. Und eins scheint gewiss … Perfektionismus und Glück haben *nicht* den gleichen Zipcode.

Perfektion und Perfektionismus

»Wir sind perfekt. Perfektionismus tritt ein, wenn wir das vergessen.« – CAW

Das habe ich kürzlich auf eine Karte geschrieben, die ich Elizabeth Gilbert schickte, der Autorin der Bestseller *Eat Pray Love* und *Das Wesen der Dinge und der Liebe* und anderer schöner Bücher. Ich legte auch einen Magneten zu der Karte, auf dem stand: »Du bist perfekt.« Über dieses Thema habe ich auch mit einer anderen Lieblingsautorin von mir gesprochen, mit Arielle Ford, Autorin von *Das Geheimnis der Liebe. Finden Sie Ihren Seelenpartner* und *Wabi Sabi Love* (ein wundervoller Text darüber, wie man seinen unvollkommenen Partner perfekt lieben kann).

Arielle bezeichnet Perfektion als reine Fiktion, weil sie sich eher in eine unerreichbare und lächerliche Leistungsübung verwandelt hat, statt das zu sein, was sie wirklich ist:

unser eigentliches, natürliches, ganzheitliches Wesen, bevor die Welt uns als verrückt abstempelt.

Zwei Sätze werden häufig geäußert: »Alles ist perfekt« und »Niemand ist perfekt«. Hier ist meine Meinung dazu: Die Perfektions-Theorie ist keine Entschuldigung, sich wie ein Trottel zu benehmen und anschließend zu erklären: »Ist schon okay, es ist ja sowieso alles perfekt.« Perfektion in der verzerrten irdischen Definition ist Illusion. Und sie macht den Leuten Angst. Weil ja, natürlich, göttlich gesprochen, ist tatsächlich *alles* Perfektion. Und menschlich gesprochen ist nichts perfekt und soll es auch gar nicht sein. Benutz Perfektion bloß nicht als spirituellen Diskussionspunkt. Sie ist auch kein Schild, hinter dem du beschissenes Verhalten verstecken kannst. Sie ist keine Freikarte, um dem Karma zu entkommen, und auch keine Entschuldigung für Apathie oder Aufgeben. Du kannst sie nicht als Zollstock benutzen, mit dem du auf dich oder andere einprügelst. Es geht nicht um Perfektion. Es geht um Freiheit des Geistes und um die großartige, erfüllte Präsenz im *Jetzt*, darum, dass wir in aller Unvollkommenheit souverän Verantwortung übernehmen für unsere Handlungen und Entscheidungen. Befreie dich von allen Perfektionsbegriffen. Strebe stattdessen nach Ganzheit. Befreie dich von der verzerrten Perfektionsprojektion und erinnere dich an die wahre Natur der Liebe.

Weißt du, was uns am besten von Perfektionismus befreit? Die Bereitschaft, sich zu irren. Je älter ich werde, desto weniger treibt mich mein Wissensdurst an. Ich will gar nicht mehr wissen, wie ich nach Meinung anderer Leute lieben, denken, mich anziehen, sprechen oder sein soll. Das innere Leben, das ich für mich gewählt habe, interessiert mich weitaus mehr als das Leben anderer Leute, wie sie sich darstellen oder was und warum sie glauben. Und auch das innere Leben anderer finde ich interessant. Die Weisheit, die ich durch meine eigenen Erfahrungen erlangt habe, erfreut mich heute wesentlich mehr, und sie mit anderen zu teilen, ist ein Liebesangebot, kein Befehl, keine Forderung, kein Bewertungsinstrument. So bin ich eben … einfach ich. Ich leere meinen Geist, während ich mein Herz fülle. Hochtrabende Philosophien entfernen mich von der Liebe. Halt dich fern von allen Systemen oder Glaubenssätzen, die dir sagen, du musst dich ändern oder verbessern, um die Liebe des Schöpfers zu erlangen oder zu verdienen. Wie entsetzlich destruktiv. Die schlimmste aller Lügen überhaupt.

Wenn du und die Perfektion also ein paar hunderttausend Runden im Monkey-Mind-Ring hinter euch habt, dann findest du hier ein paar neue Fragen, die du dir stellen kannst. Sie entfernen dich vom Perfektionismus und bringen dich zu seinem sanfteren Cousin: wilder, heiliger Neugier …

Was wäre, wenn du nichts wirklich tun müsstest?

Wenn du niemand sein müsstest?

Wenn du keine Termine hättest, die so dringend sind, dass du sie einhalten müsstest?

Keine Anrufe, die du entgegennehmen müsstest?

Keine Wäsche, die nicht auch warten könnte?

Keine Rechnungen, die so wichtig sind, dass du dir deswegen Gedanken machen müsstest?

Niemand, den du beeindrucken müsstest?

Niemand, den du meiden müsstest?

Keine große Weltmission, die du verfolgen müsstest?

Keinen persönlichen Schmerz, den du proben oder loslassen müsstest?

Was wäre, wenn Freiheit kein Luxus für irgendeinen fernen Tag wäre, sondern ein göttliches, irdisches Recht, dass du jetzt gleich in Anspruch nehmen könntest?

Mental? Emotional? Spirituell? Körperlich?

Und was ist mit dem *Jetzt?* Was wäre, wenn du langsamer werden und deinen Rhythmus anpassen könntest, statt dem Tag voller Furcht vor gewählten oder auferlegten Verpflichtungen entgegenzusehen, statt die Tage zu zählen bis zum Wochenende, bis zur Pensionierung, bis zur Graduierung, und immer wieder noch etwas überstehen zu wollen, damit du das nächste in Angriff nehmen kannst?

Ich erinnere mich an ein Kunstprojekt in der siebten Klasse. Wir hatten über Pointillismus und die impressionistischen Künstler geredet. Du machst Tausende von winzigen Punkten, die aus der Nähe aussehen wie ein gepixelter alter Computer-Bildschirm, aber wenn du ein bisschen weiter zurücktrittst, kann es theoretisch aussehen wie ein Meisterwerk. Aber in der siebten Klasse wusste ich lediglich, dass meine Mom, die Künstlerin UND Perfektionistin war, und ich bei dem Versuch, auf diese Weise einen Apfel zu malen, die ganze Nacht an diesem Projekt arbeiteten und zum Schluss beide ein Karpaltunnel-Syndrom hatten.

»Kunst ist Scheiße! Das ist SO BLÖDSINNIG! Das macht keinen Spaß! Ich hasse es!«, jammerte ich. Und meine Mutter, die mich seit meinem dritten Lebensjahr in Kunstausstellungen mitgeschleppt hatte, schüttelte angewidert den

Kopf und sagte: »Das Projekt ist viel zu anspruchsvoll« und »Was hat sich die Lehrerin nur dabei gedacht?« und »Mach weiter … Lass es uns hinter uns bringen, damit wir endlich zu Bett gehen können«. Es wurde drei Uhr morgens. Ich bekam eine Eins. Aber es war mir egal. Sch …-Monet. AUCH deine Seerosen, die dich so berühmt gemacht haben.

Warum kopieren wir die Meister und versuchen, wie jemand zu sein, der seit Hunderten von Jahren tot ist, statt unseren eigenen Stil und unsere eigenen Ausdruckswege zu finden? Ich habe immer noch keine Antwort darauf gefunden.

Dein ganz besonderer Funke von Göttlichkeit schließt DEINE Persönlichkeit ein. Das ist nichts, was du verlieren, überhöhen, beurteilen oder leugnen könntest, deine Energie, deine Schwingung ist kostbar für dich, nichts, was dich von anderen trennt, im Gegenteil. Wenn du authentisch du bist, im Zusammenspiel von Geist und gesundem Ego, lebst du deine Ganzheit. Angst verschwindet dann wie von selbst. Mühelos. Feiere deine Einzigartigkeit. Ehre sie. Besitze sie. Genieße sie. Das ist der Weg zu totaler Seelenbefreiung. Du bist das ICH BIN im WIR SIND. Und diese Welt wäre ohne dich, ohne dass du DEINEN Ton im Lied des Lebens singst, nicht dieselbe. Geh niemals auf jemanden zu (und am wenigsten auf dich selber), der versucht, deine Essenz herunterzumachen, eine wenig originelle Kopie aus dir zu machen oder dich in jeder Hinsicht mit erhobenem Finger maßregelt. Hör nicht auf diese Stimmen, ob sie nun innerlich oder äußerlich sind, die dich ständig drängen, besser zu werden oder noch großartiger, als du schon bist, statt DICH in all deiner Pracht zu genießen und zu schätzen. Hör lieber auf die, die sagen: »JA. MEHR DAVON. JETZT.«

Den Scham-Zug entgleisen lassen

Kannst du dich noch an wiederholte Versuche erinnern? Weißt du noch, dass Übung zur Perfektion führt? Kannst du dich noch daran erinnern, dass du früher einmal nicht laufen, sprechen oder deinen Namen schreiben konntest? Kannst du dich an dieses zarte, winzige Du erinnern? Das Du, das noch Zugang zum Großen Geheimnis hatte? Damals brauchtest du niemanden zu beeindrucken, nichts zu unterdrücken oder auszudrücken. Dieses Du ist noch da, und du kannst jederzeit darauf zurückgreifen. Fang jetzt damit an. Starte in eine neue Richtung. Starte deinen Liebesmotor. Hör auf, dir selbst im Weg zu stehen. Beginne, alle deine Dus zu lieben. Das geschwätzige und das stille. Das eigensinnige und das alberne. Das kluge und das dumme. Das schleimige und das strahlende. Beginne neu mit jedem Atemzug. Beginne an dem Ort, an dem du warst, bevor die Scham kam.

Scham ist lahm. Schäm dich nicht. Nicht für deine Gefühle. Nicht für deine Reaktionen. Nicht für dein Ego. Nicht für deine Erwartungen. Nicht für deine Bindungen. Nicht für deine Sehnsüchte. Nicht für deine angeblich kindische oder egoistische Art. Für KEINE deiner Emotionen. Nicht für deine Finanzen. Nicht für dein Verlangen. Nicht für deinen Körper. Nicht für deine Art zu essen. Wenn jemand versucht, mit dem Scham-Stock auf dich einzuprügeln, ob nun subtil oder offen … Lass es nicht zu. Sieh es genau so, wie es ist. Der Richter und Kritiker in anderen Leuten macht Überstunden und sucht sich ein Opfer. Lass dich nicht zum Opfer machen. Der beste Weg dazu ist, deine Schwingung anzuheben und dieses Verhalten als letztes Aufbäumen des sterbenden Patriarchats zu sehen. Liebe und akzeptiere dich so sehr, dass die Scham-Pfeile karmische Bumerangs werden. Steh aufrecht da im Wissen, dass du einzigartig und gut bist, wie du bist. Und wenn jemand ein Problem damit hat, dann ist es sein Problem. Mach es nicht zu deinem. Lass dir von niemandem vorschreiben, wie du lieben, essen, fühlen oder SEIN sollst. Du hast etwas Besseres verdient. Wir alle haben Besseres verdient. Schäm dich nicht für dich. Tu es einfach nicht. Du bist doch viel zu klug, um diese ganzen verdrehten Spielchen mitzumachen. Und du wirst total geliebt, respektiert und geehrt, weil du DU bist.

Wenn in irgendeiner Lehre Scham vorkommt, dann lehne ich sie ab. Sich seines pulsierenden Körpers schämen. Sich umherschweifender Gedanken zu schämen. Alles, was die wilde, unzähmbare Essenz des Lebens leugnet, ist für mich falsch. Alles, was aus Verlangen etwas Schlechtes macht, ist selbst das reine Böse. Alles, was Kontrolle gutheißt, ist der Feind wahrer Freiheit. Ob es nun als Disziplin oder Meistern beschrieben wird … Ich nenne es Einsperren und Unterdrücken. Alles, was den Krieg in uns auslöst, ist eine Lüge. Ich stehe voll hinter der Ablehnung dieser schädlichen Verhaltensweisen. Ich stehe sogar hinter Prügeln. Ich heiße sie willkommen, weil sie mir zeigen, wo der Verstand versucht, das Herz zu ersticken. Wo die Fäuste auf das Fleisch treffen. Wo das Feuer herunterbrennt. Sie zeigen mir die sich windenden Würmer unter den Steinen. Sie zeigen mir die Wahrheit. Integration ist der Weg zu Erlösung und Befreiung. Liebe ist kein Rätsel, kein Paradox, kein Geheimnis und auch kein Spiel … Sie ist der Schlüssel, der jeden Käfig und jede Tür öffnet. Und sie hilft uns zu erkennen, dass es sowieso nie einen Käfig gab … außer dem, den wir uns selbst geschaffen haben.

Jemandem zu sagen oder vorzuschreiben, er solle freundlich oder liebevoll sein, ist weder freundlich noch liebevoll. Es ist beschämend und kontrollierend. Es ist genau das Gegenteil von liebevoller Freundlichkeit. Es ist Schuld und Manipulation. Aber wenn du Freundlichkeit demonstrierst, indem du Menschen voll akzeptierst, dabei aber gesunde Grenzen setzt und sie durch dein Beispiel sanft ermutigst, dann ist das der beste Weg, Freundlichkeit zu verbreiten. Und Freundlichkeit bedeutet nicht, sich alles gefallen zu lassen oder Mitleid zu haben, und sie hat auch nichts mit Perfektion zu tun. Es geht nur darum, dass wir unser Bestes tun, und auch uns gegenüber bedingungslos freundlich sind.

Wir müssen aufhören, uns oder anderen Leuten vorzuschreiben, sie sollten nicht so egoistisch sein oder weniger an sich selbst denken. Scham ist eine der Hauptursachen für Selbstmord. Sie dient der Menschheit nicht. Sie zerstört Individuen und Familien. Sie zerstört Liebe. Die Menschen müssen eine HÖHERE Meinung von sich selbst haben. Keine geringe. Wenn jeder auf diesem Planeten sein Glück an die erste Stelle setzen würde, dann wären wir alle gesund.

Intimität würde auf Authentizität beruhen und nicht auf Verpflichtung. Dieser ganze Mist, »sei demütig und nicht so egoistisch«, ist das Programm da draußen, das am *meisten* Schaden anrichtet. Es bringt dich buchstäblich um. Es ist eine Art Krebs. Es gibt nichts Brutaleres oder Gewalttätigeres. Ermutige die Menschen! Lobe sie! Ermuntere sie! Droh nicht mit dem Zeigefinger, sondern schließe sie in deine Arme. Beginn im Spiegel. Liebe diese Person, die du dort siehst, SEHR! Bedingungslos. Mehr als jeden anderen, dem du jemals begegnen wirst. Ja ... Das ist das genaue Gegenteil von allem, was man dir jemals beigebracht hat. Aber es heilt dich mehr als alle Schuld, Scham oder blödsinnigen Ideen über Demut und Ego. Lass den Hammer fallen. Greif zur Liebe. Es liegt an uns.

Ein Fuß in jeder Welt / Blumen und Konfetti

Auf der Welt finden massive globale Verschiebungen statt. Es ist so, als bestünde sie aus zwei Räumen. Einer ist der Hospiz-Raum. Darin liegt ein alter Mann. Er ist ein Patriarch. Er steht für alles Edle und Schreckliche an diesem Wort. Er liegt im Sterben. Und Menschen stehen um sein Bett herum, weinen und trauern. Wir sehen alle Arten von stoischen, ausdruckslosen Gefühlen in diesem Zimmer. Als ob ein großer König, manchmal tyrannisch, manchmal gütig, stirbt. Und die nächste Tür führt zu einem anderen Raum. Ein Geburtszimmer. Ein kleines Mädchen kommt zur Welt. Um uns herauszufordern. Sie wird frech sein und über Begriffe wie »nett« laut lachen. In diesem Zimmer herrscht eifriges Treiben. Alle sind in Feierstimmung und freuen sich. Und wir laufen zwischen diesen beiden Räumen hin und her, trösten in dem einen und jubeln in dem anderen. Weil wir alle mit einem Fuß im Grab stehen und mit dem anderen zwischen den Sternen. Wir betrauern das Ende einer Ära und sind dabei schon mehr als bereit, eine neue Zeit willkommen zu heißen. Und alles verläuft in Zyklen. Tod und Wiedergeburt. Kontrolle und Freiheit. Und die Liebe verwebt alles. In welchem Raum möchtest du mehr Zeit verbringen? Trauernde wie Feiernde werden jetzt gebraucht. Ich weiß, ich kann ebenso gut Blumen streuen wie Konfetti. Ich war in beiden Räumen, neige aber persönlich eher zu Konfetti.

Die globale Ökonomie, die auf Dualität und Mangel beruht, liegt im Sterben, während die globale Ökonomie, die auf Einheit und Reichtum beruht, in den Wehen liegt. Das Fruchtwasser ist bereits abgegangen. Letzte Anpassungen werden vorgenommen und das Bewusstsein wird geschärft, um die Geschwindigkeit abzuschwächen, mit der der Wandel geschieht. Trauere oder feiere jetzt noch nicht. Bereite dich einfach auf eine goldene Ära des Friedens und Wohlstands vor. Lass die Ängste und Streitigkeiten in uns und zwischen uns hinter dir. Lösche die alten Programme über »harte Arbeiter« oder »Faulpelze«. Dies ist eine neue Zeit, in der neue Gedankenformen Gestalt annehmen. Es wird anders sein als alles, was du jemals gekannt hast. Kein Nirwana und keine Apokalypse. Es wird zuerst weit über unsere Fähigkeit hinausgehen, zu verstehen oder zu begreifen. Aber bleibe ganz ruhig in dem Wissen, dass ALLES liebevoll geführt ist und rasch eingesetzt wird. Vertraue und bleib präsent, und alles ist und wird gut.

Tod und Wehen. Trauern und Feiern. Alles passiert gleichzeitig, und wir atmen immer weiter.

Wecke die Welt, die auftaucht und sich entwickelt, durch deinen eigenen Spiegel. Sieh sie zuerst mit deinen Augen. Erhebe dich in diesen Moment mit all seinem Schimmerglanz und seinem Schattendunkel. Weder du noch die Welt oder sonst jemand haben jemals geschlafen oder vergessen. Es war nur ein Traum im Traum. Wir wandern wach und lebendig durchs Paradies ... Es ist um uns herum und in uns. Jetzt und immer. Die Hölle denkt anders. Du bist Traum und Träumender zugleich. Du bist erwacht und der Erwecker. Du bist der, der vergisst, und der, der nie vergessen hat. Wir sind diejenigen, die zum Himmel und zu Boden geblickt haben, denn wir sind angekommen, weil wir nie gegangen sind.

Wenn ich etwas gelernt/erinnert habe über Einssein, das Gesetz der Anziehungskraft, Einheitsbewusstsein, universelle Liebe, Einzige Liebe, Christus/Buddha-Bewusstsein (alles total rein ohne die Verzerrung von Generationen der Fehlinterpretation) ... dann dies: Wenn das »ICH« stark, gesund, ganz und klar ist, dann ist auch das »WIR« stark, gesund, ganz und klar. Und zwar nicht durch Ausreißen, Leugnen oder Auflösen des Ich, sondern dadurch, dass es gestärkt wird. Das ICH BIN ist nicht nur dein höheres Selbst. Es ist dein multidimensional integriertes Selbst. Und das bedeutet, dass du auch dein Ego liebst. Völlig bedingungslos. Bis du das kannst, sind »Liebe und Licht« und »Namaste« die leersten Worte der Welt. Und du bist immer noch versklavt und verstrickt in Dualität und Separation. Keine Rede von Fülle oder Ganzheit. Du kommst wahrem Mitgefühl noch nicht einmal nahe. Bis deine Göttlichkeit und Menschlichkeit BESTE FREUNDE und LEIDENSCHAFTLICHE GELIEBTE sind, wirst du im ständigen Krieg nach innen und nach außen leben. Nur im Inneren entstehen wahrer tiefer Frieden und echte Freiheit. Immer.

Das Leben ist nicht auf Dauer gedacht. Es ist ein unvorhersehbares Glücksspiel, eine Mischung aus freiem Willen und Schicksal, Schwingungsalchemie und totaler Hingabe. Wir erschaffen unsere Realität, aber wir machen es entweder unbewusst aus alten, nicht geheilten Wunden heraus oder bewusst aus einem Ort voller Vertrauen und Präsenz. Manchmal bewegen wir uns auch zwischen diesen beiden Extremen. Das große Geheimnis ist das ultimative Paradox. Es ist wie die Natur mit ihren Jahreszeiten, ihren verschiedenen Klimazonen, Zeitlinien und ihrem Wachstum. Du brauchst dir nicht alles klar zu machen oder zu fühlen. Gib dich ganz der Magie deines tiefsten Wissens hin. Und du brauchst auch nicht alles zu wissen. Du brauchst nicht die ganze Welt zu reparieren. Du formst und erschaffst die Welt. Und dein Herz weiß immer, immer, IMMER den Weg nach Hause.

Letzten Herbst hat mich eine meiner Leserinnen auf ihre Bio-Farm in North Carolina eingeladen. Ich war viel unterwegs gewesen, ein bisschen erschöpft und nicht so ganz gut drauf. Die Farmerin empfing mich überschwänglich. Sie war ganz aufgeregt, dass ich sie besuchte, hatte aber offensichtlich ein Bild von mir, das nicht zu der erschöpften, zerzausten Person passte, die bei ihr vor der Tür stand. Also schob sie mich nach fünf Tagen eines ursprünglich auf drei Wochen angelegten Erholungsaufenthalts (»Ich fühle mich außerordentlich geehrt, dass Sie unser Gast sind!«) zu ihrer »brillanten, aber alkoholkranken« Schwester ab, die in einem Wohnwagen-Park lebte. Nichts gegen Trailer Parks, aber ich hatte mich auf eine friedliche Farm-Erfahrung eingestellt, und plötzlich wohnte ich bei einer Frau, deren Dämonen ich tatsächlich körperlich SEHEN konnte … Eines Nachts verwandelte sich ihr Gesicht in das Gesicht ihres toten Onkels (der sie als Kind missbraucht hatte), während sie mir von ihm erzählte. Nun, das war neu für mich. Für gewöhnlich höre ich Geister … Ich sehe sie nicht. Jedenfalls nicht einfach so. Ich war seltsam ruhig, schaltete in den Beobachter-Modus, und mein Verstand sagte mir: »Du bist nur völlig erschöpft. Dein Gehirn spielt dir einen Streich.« Am nächsten Tag rief sie mich auf meinem Handy an. Ich war an einen Strand in der Nähe gegangen, um mich zu sammeln. In einem Wutausbruch sagte sie zu mir: »Pack deinen Scheiß zusammen und verschwinde!« Ich sagte nur »Ja, Ma'am!«, ging zurück zum Trailer Park und packte meine Sachen. Auf dem Weg nach draußen sammelte ich noch fünf oder sechs RIESIGE Pinienzapfen aus einem Vorgarten ein. Sie waren von einer der hohen Pinien gefallen. Ich hatte keine Ahnung, wo ich hin sollte. Ich hatte meine Wohnung aufgegeben und war seit Monaten unterwegs gewesen. Ich rief eine Freundin an, die mir angeboten hatte, den Herbst und den Winter über bei ihr zu wohnen, um an meinen Büchern und meiner Gesundheit zu arbeiten und mich von Begegnungen mit Trailer-Park-

Dämonen zu erholen. Diese Pinienzapfen liegen immer noch in einer Schüssel auf unserem Wohnzimmertisch, und sie erinnern mich daran, dass Liebe mich immer in Sicherheit bringt, ganz gleich, was passiert, ganz gleich, wo ich bin. Und kein Buhmann kann so furchterregend sein, dass er dich unterkriegt … Es sei denn, du lässt es zu.

Wenn du nur Licht und Liebe bist und überhaupt keine dunklen Seiten hast, dann komm bitte nicht auf meinen Spielplatz. Ich traue dem Braten nicht. Es ist nur unterdrückt, und es kommt dann hinten herum heraus. Heimlich. Verstohlen. Ich liebe die Leute, die ihre eigene Dunkelheit annehmen können. Geheilt und enthüllt. Ganz und völlig roh. Verletzlich und unbesiegbar. Licht ist kein Maßband und kein Hammer, und Liebe ist keine perfekte Performance auf Befehl. Ich bin misstrauisch denjenigen gegenüber, die sagen, man müsse das Ego loslassen, das Verlangen loslassen und sich über die Lemminge und das Herdentum erheben. Ich lache über die Leute, die »Wahrheit«, »Freundlichkeit« oder »Mitgefühl« als Waffen betrachten. Wenn du in meinen Garten kommen willst, hast du besser schon in den Apfel gebissen, ohne die Unschuld zu verlieren. Ganz egal, ob du angeschlagen bist oder glänzt, ob du ein Rockstar oder ein kompletter Versager bist, die Liebe nimmt dich an der Hand und am Herz und führt dich nach Hause.

Teil 2

Chaotische Liebe, verschwitzte Liebe, verrückte Liebe

Der ewige Tanz der Liebe

Liebe, LIEBE. Ein abgenutztes, oft falsch verstandenes Wort, stimmt's? Also ich bin eigentlich der Meinung, dass wir das Wort gar nicht häufig genug benutzen können. Es ist ja genug davon da, und wenn wir uns zurückhalten, es zu sagen oder zu fühlen, dann verursacht das nur Probleme.

Mein Dad war der Seelengefährte meiner Mom. Sie waren 43 Jahre lang verheiratet, und nach seinem Tod war ich einmal mit ihr essen. Leider kann ich das Gespräch nur verkürzt wiedergeben, aber das muss reichen.

»Liebe ist wie tanzen«, sagte sie wehmütig und blickte aus dem Fenster des Restaurants. »Wenn du zusammenkommst, ist es wie Jitterbug. Man wirft sich gegenseitig herum, geht auf einen Ball und datet, lernt sich kennen und beginnt, einen gemeinsamen Rhythmus zu finden.«

Damit hatte sie mich am Haken. Ich hatte sie noch NIE so reden hören. Dass sie im Herzen eine wahre Romantikerin war, wusste ich von den Geschichten, die sie früher oft aus der ersten Zeit, als mein Vater ihr den Hof machte, erzählt hatte, aber die Trauer machte sie ganz verträumt.

»Und dann wechselst du in den Foxtrott. Du lachst immer noch viel und hast jede Menge Spaß, aber es ist alles ein bisschen ernsthafter, und du musst dich mehr auf deine Schritte konzentrieren. Du beginnst, dir ein gemeinsames Leben aufzubauen, Kinder zu kriegen, Entscheidungen zu treffen, und um zusammen tanzen zu können, ohne ständig über die Füße des anderen zu stolpern, musst du seine Stärken und Schwächen kennen.«

Ich schwöre bei Cupido, dass ich den Atem angehalten habe, als sie redete. Als die Kellnerin kam, um uns Wasser nachzuschenken, konnte ich es kaum erwarten, bis sie wieder weg war, damit ich hörte, was nach dem Foxtrott kam … Ich hatte das Gefühl, es würde sinnlich werden, und ich hatte recht …

»Und dann«, sagte meine Mutter dramatisch (sie ist eine großartige Geschichtenerzählerin, das können ihre Enkelkinder bezeugen. Meine Nichten und Neffen lieben Nanas Geschichten …), »kommen die Tangojahre. Es wird HEISS: Machtkämpfe und Ego, Kindheitsthemen, Stress, Streitigkeiten um Geld und stürmische LEIDENSCHAFT, Enttäuschung, Frustration, Projektionen, Wut, Vorwürfe, Angst, MISSVERSTÄNDNISSE. Du versuchst, deine Macht zu bestätigen, versuchst aber auch, den anderen zu unterstützen, damit der Tango nicht beide umbringt. Manche Leute kommen NIE aus der Tango-Phase heraus. Sie beginnen und enden dort.«

Während sie redet, erinnere ich mich an die vielen Tango-Jahre, die meine Eltern in ihrem langen gemeinsamen Leben hatten. Türen wurden zugeknallt, es wurde viel geschrien, und ständig hing die unausgesprochene Frage in der Luft: »Lassen sie sich scheiden?«

»Und mit etwas Glück, viel Geduld, Übung, Liebe und Zeit lernst du nach all dem Walzer tanzen. Du gleitest mühelos durchs Leben, siehst jede Bewegung des anderen voraus und bewegst dich harmonisch mit deinem Partner. Und alle um dich herum sehen bewundernd zu und beneiden euch um eure Anmut.«

Ich schäme mich nicht zuzugeben, dass ich mitten im Lokal in Tränen ausbrach, und auch jetzt, wo ich es erzähle, habe ich feuchte Augen. Natürlich erklärte sie mir weiter, dass das kein linearer Prozess sei. Ich glaube, es verläuft mehr wie ein Bogen oder eine Spirale. Aber anscheinend durchlaufen langjährige Liebespaare unterschiedliche Phasen und bleiben zusammen, um neue Schritte mit dem gleichen Partner zu lernen. Ich habe keine Vorurteile gegen wechselnde Partner. Wenn du dich dafür entscheidest – GUT. Aber ich will einen, der alles mit mir durchlebt … wenn auch vielleicht mehr Walzer als Tango, mehr Jitterbug als Square Dance und weniger Knöchel- oder Herzverletzungen toll wären.

Das Wendy-Syndrom

Jahrelang hatte ich in Beziehungen, Affären oder Flirts das, was ich als das Wendy-Syndrom bezeichne. Unbewusst suchte ich mir ständig Peter Pan und die verlorenen Jungs aus, die verletzt und auf ewig unreif durchs Leben gehen. Die Angst vor Beziehungen haben und Kopfspielchen spielen. Und ich spielte die Rolle der Mutter, der großen Schwester, der Therapeutin. Ich verliebte mich mehr in das

Potenzial von jemandem als in das tatsächliche Verhalten. Es war alles sehr unbefriedigend. So viele Frauen (aber auch Männer) tun das immer noch. Wir suchen nach Partnern, die wir »reparieren« können und werden zur Lehrerin, zur Heilerin, zur vorwurfsvollen und ewig enttäuschten Mommy. Unsexy. Frustrierend, Entmannend. Entmachtend. In diesen dysfunktionalen Dynamiken werden keine echten Bedürfnisse gestillt. Kein Mann wird erwachsen und souverän. Das umgekehrte Muster ist die Dame in Bedrängnis, die immer gerettet werden muss. Die eine Vaterfigur will und immer im Mittelpunkt der Aufmerksamkeit stehen muss. Sie wird auch nie erwachsen. Diese alten, überholten Schemata liegen mittlerweile in den letzten Zügen, und wir sollten sie uns lediglich ansehen, um sie zu löschen.

Es gibt nur ein bekanntes Heilmittel für das Wendy-Syndrom. Du darfst dir keine verlorenen Jungs oder Mädels aussuchen. Du musst aufhören, sie zu erschaffen. Du musst in persönlicher und emotionaler Hinsicht für dich sorgen und dein spirituelles Wohl über alles stellen. Du musst begreifen, dass wir für unser persönliches Glück selbst verantwortlich sind, und zwar auf allen Ebenen. Du musst lernen, zutiefst aufrichtig zu kommunizieren. Oft. Und du musst dich einer souveränen und sinnlichen Partnerschaft unter Gleichen für wert erachten. Du musst sie genießen und sie pflegen. Du musst Raum und Zeit dafür schaffen. Und du darfst dich nicht mit weniger zufriedengeben. Wir haben es selbst in der Hand, wir schaffen es gemeinsam. Diese aussterbende Co-Abhängigkeit und die verzerrten Intimitätsprogramme haben ihren Zweck erfüllt.

Sie haben uns hierher gebracht. Aber weiter können sie uns nicht mehr helfen.

Es ist aggressiv und ziemlich verquer, eine Frau nur als Rolle zu besetzen. Dabei ist es egal, ob diese Rolle Göttin, Mutter, Geliebte, Lehrerin, Freundin, Schwester, Luder, Ehefrau, Spielzeug, Krankenschwester oder Retterin ist. Tut das den weiblichen Mitschöpfern in eurem Leben nicht an. Es ist zu viel, weil ihr sie damit auffordert, euren Schmerz mitzutragen. Das macht müde. Erzählt uns nicht, wir müssten euch bedingungslos lieben. Ihr verletzt die Weiblichkeit und Fülle der Frau, wenn ihr sie in einzelne Teile zerlegt, ihr zusätzliche Bürden auferlegt und von ihr verlangt, sie solle sich auf eine bestimmte Art und Weise verhalten. Ihr leistet auch euch und eurer inneren Frau keinen guten Dienst damit. Eine Frau ist nicht zum Vergnügen oder zur Heilung des Mannes da. Das ist zutiefst gewalttätig. Hinterhältig und schrecklich uns ALLEN gegenüber. Du solltest eine Frau darin bestärken, ganz sie selbst zu sein. Sie soll verführen oder beruhigen, je nach der wilden und zarten Natur in ihr.

Versuch nicht, sie zu beschämen oder zu zähmen ... Hör auf, sie zu definieren und zu veredeln. Lass sie aus dem Käfig deiner begrenzten und jugendlichen Erwartungen und Bedingungen, mit denen du festlegst, wie sie leben, lieben und aussehen sollte. Lasst uns alle frei aus diesem Gefängnis der Verzerrung. Mittlerweile wissen wir es doch alle besser. Wir alle erinnern uns an das volle Spektrum unserer menschlich-göttlichen, männlich-weiblichen, souveränen, ganzheitlichen und heiligen Natur. Und sie ist UNGLAUBLICH.

Wir sind auf dem besten Weg vom Verwundeten Heiler zum Integrierten Aktivator. Lebt wohl, Wendy- und Peter-Pan-Syndrome. Es wird Zeit, sich von allen unbewussten Co-Abhängigkeiten zu entfernen und proaktiv Ganzheit anzustreben. Präsenz. Stärkung auf allen Ebenen. Keine traurige Geschichte mehr, um Bindung zu erreichen. Jetzt verbindet uns Begeisterung für Bewegung, Wachstum und dynamischen Flow. Unsere Leidenschaften und Träume verbinden uns ... nicht unsere Ängste. Unsere strahlende Schönheit, nicht unsere Kampfnarben. Unsere Stärken und, ja, vorsichtig können wir auch die Verletzlichkeiten hervortreten lassen ... Aber wir dürfen uns nicht von ihnen überwältigen lassen, wir dürfen sie weder leugnen noch glorifizieren. Wir ehren nur ihren Platz in unserem breiten Spektrum.

Es ist Zeit für radikale Selbst-Aufrichtigkeit und Vergebung. Ich muss sehen, welche Aktivitäten, Interaktionen, Kommunikationsarten oder Vermeidungstaktiken meinem Herzen oder meiner Seele nicht gut tun. Wir verzichten auf Begriffe wie positiv/negativ oder leicht/schwer. Wir unterscheiden nicht mehr zwischen Wachsein/Schlaf. Wir sind GANZ. Positives Denken und Schattenarbeit waren effektive Tools, aber wir sind langsam aus diesen Kindergarten-Begriffen der Spiritualität hinausgewachsen. Es wird Zeit, dass wir ganz wir selbst sind. Liebe und fühle. Vertraue und springe. Jetzt und immer. Mit ein bisschen Feenstaub und in die Hände klatschen. Und mit Fliegen. Lass die alten Rollen und Geschichten fallen und erschaffe neue Ideen über Geschlechterrollen, Beziehungen, Freiheit und Intimität.

Randbemerkung: Ich persönlich schreibe aus der Perspektive einer heterosexuellen, monogamen und beziehungsorientierten Frau ... Du kannst diese Ideen und Pronomina jederzeit übernehmen, austauschen oder auch ganz fallenlassen und nur alles als Energie sehen, ganz wie du möchtest.

Ein Mann hat die Fähigkeit, das Herz, den Verstand und die Vagina einer Frau zu öffnen oder zu schließen, indem er tapfer seine aufrichtigen Gefühle ausdrückt, seine Wünsche oder auch nur die Verletzlichkeit seiner eingestandenen Verwirrung äußert. Auch eine Frau kann den Geist eines Mannes öffnen und ihn zu ganz neuen Levels der Erregung, Leidenschaft, Neugier und Bewusstheit führen, indem sie einfach mehr sie selbst ist und ihre ganze Fülle auslotet, ohne Angst haben zu müssen, dass er wegläuft oder sie angreift. In diesem heiklen Tanz von Spiritualität, Sinnlichkeit und Lebenskraft/Intimität versuchen wir alle, Herzen und Geist zu öffnen, und sind dann frustriert, wenn es uns nicht gelingt. Wir sind nicht dazu gemacht, uns ohne Hilfe voll zu öffnen. Wir brauchen Unterstützung dabei. Es ist keine Schande, das zuzugeben.

Viele von euch werden direkt zumachen, wollen gerne widersprechen und darüber diskutieren, und einige werden sich weiter öffnen und hingeben. Viele von uns glauben, wir bräuchten kein anderes Wesen, um uns zu spiegeln. Viele von uns stehen diesem Tanz ablehnend gegenüber, weil sie darin mehr Spannung als Fließendes fühlen. Mehr Isolation als Verbindung. Wir wurden zu Einzeluniversen, die umeinander kreisen und sich je nach äußeren Stimuli schließen und öffnen. Die größte Aufgabe ist nicht, uns oder jemand anderen zu zwingen, offener zu werden. Aber wir sollten merken, wann und warum wir zumachen. Und wir sollten den Prozess ehren, ohne ihn zu beurteilen oder hastig zu ändern. Er passt sich von selber an.

Halte dich selbst sanft im Geschlossenen, wenn du dich verschließt. Finde die Sicherheit des Offenseins, indem du selbst dann offen bleibst, wenn du zugemacht hast. Du brauchst es nicht zu analysieren. Stell es nur fest und fühle es. Du brauchst kein Buch zu führen, *sei* einfach darin und fühle es. Und in diesem neuen Tanz, ob es nun Tango, Walzer oder Jitterbug ist, wirst du freier, als du es jemals für möglich gehalten hast. Ein Channel für göttliche UND menschliche Liebe zugleich. Und du wirst strahlend, kraftvoll, weichstark, magnetisch, dynamisch und ganz werden. Und du wirst feststellen, dass Liebe wieder SPASS machen kann.

Herzsprache

Wenn du hörst »Hör auf dein Herz« oder »Folge deinem Verlangen«, wirst du vielleicht genauso frustriert sein wie ich. Irritiert. Zynisch. Wütend. Angepisst. Mürrisch. Du schnaubst: »Leichter gesagt als getan!« Es ist ja nicht so, dass du es nicht möchtest. Du weißt nur einfach nicht, wie du es anfangen sollst. Oder vielleicht hast du es schon einmal gekonnt, aber wieder vergessen. Oder du hast so lange eine gedankliche Abwehr dagegen aufgebaut, dass du Angst davor hast. Du fürchtest die tiefe Weisheit deines eigenen Herzens, weil du dann vielleicht handeln müsstest. Dich ändern, wachsen müsstest. Dich einigen beängstigenden Wahrheiten stellen müsstest. Aber weißt du was? Es ist okay. Fang klein an. Schließ deine Augen. Leg die Hände auf dein Herz und atme einfach nur ein und aus. Damit beginnst du. Und dann wartest du ab, welche Gefühle aufsteigen. Setz dich und sei bei ihnen. Lass sie kommen. Lass sie gehen. Du wirst nicht sterben. Wirklich nicht.

Im Gegenteil, du wirst vielleicht zum allerersten Mal richtig zu leben beginnen.

Du kündigst diesen Job. Du verlässt diese Sackgassen-Beziehung. Du wirst auf jedem Schritt des Weges geführt, und Leute ermutigen dich auf deiner Reise und erinnern dich daran, dass du es wert bist, ein eigenes Leben zu führen.

Wenn die Zeit für dein spirituelles, romantisches oder lebensveränderndes Abenteuer gekommen ist: Wage den Sprung. Das ist das Wichtigste. Tritt die Reise an. Seelenflügel tragen dich von einem Puzzleteil zum nächsten. Und bald schon werden wir ALLE dazu aufgerufen. Unsere alltäglichen und metaphysischen Welten werden sich komplett miteinander mischen, wenn alle Zeitlinien sich im JETZT vereinen. In diesem Raum wird die *Liebe* geboren. Und du wirst wahre Freiheit im tiefsten Sinn erfahren. Über die Identität hinaus. Über Festhalten oder Ängste vor dem Festhalten hinaus. Über Gemeinschaft hinaus. Integration, Ganzheit, Einheit, Bewusstsein gehört dazu, wird geteilt, gefühlt, gesehen. Alle Sinne werden geschärft und belebt.

Die Wiederkehr und die Erinnerung. Das Du, als das du wirklich auf diese Welt gekommen bist, das dich mitten in der Nacht schwitzend aufwachen lässt. Das jeden Tag lauter und drängender wird, je mehr du es ignorierst.

Es gibt eine Glaubensrichtung, die sagt, dass wir niemals etwas wirklich sicher »wissen« können. Der Meinung bin ich gar nicht. Ich glaube, dass wir dadurch unentschlossen, inaktiv und elend feststecken. Ich weiß, was ich weiß. Ich weiß, dass es auch vieles gibt, was ich nicht weiß. Aber es gibt eben auch vieles, was ich weiß. Soll ich das leugnen? So tun, als wüsste ich es nicht? Das macht einen doch nur krank.

Unsere Emotionen und unsere Intuition sind eng miteinander verbunden. Und sie erzählen dir beide etwas Lebenswichtiges. Lerne, sie liebevoll zu dekodieren. So viele sind von ihren Gefühlen schon so lange abgeschnitten, dass sie aufgehört haben, ihnen zu vertrauen. Entweder werden wir überwältigt oder betäubt. Wir haben ALLES mit dem Intellekt betrachtet. Das ändert sich jetzt. Uns wird klar, dass es Krankheiten und Stress verursacht, wenn wir den Fluss unserer Gefühle aufhalten oder unterdrücken. Eine ganz neue Kultur baut sich auf, wenn wir unsere Gedanken und Gefühle verändern. Aber um sie zu ändern, müssen wir sie erst einmal fühlen.

Und wie? Wir haben keine Eile. Keine Termine, keinen Plan, den wir einhalten müssen. Keine Mission, keine Vision, keine falsche Hast. Es gibt keine Deadline für Erleuchtung. Kein Programm, Seminar oder Projekt, das wichtiger wäre als meine eigene Gesundheit. Keine Aufgabe, die größer wäre als mein Wohlergehen. Nichts, was ich beweisen muss. Ich bewege mich weg von all den

Mustern/Schwingungen von zu viel Arbeit und gehe tief in die Ganzheit. Wenn es leicht ist, bin ich da. Im Flow? Ja. Wenn es schwierig oder statisch wird? Gezwungen oder zu strukturiert. Dann sind wir nicht da. Auch nicht, wenn meine Zeit oder Talente nicht gewürdigt werden. Mein bewusstes, lautes JA gilt spielerischer, flexibler Manifestation und Miterschaffung voller Freude, Spaß und Freiheit. Von JETZT an. Ich mache mit und bin ich selbst. Ich umgebe mich mit denen, die mich ermutigen, aufmuntern und zulassen, statt mich zu unterminieren, Druck auszuüben oder zu konkurrieren.

Harte Arbeit ohne Herz ist nur ein sicheres Rezept für Burnout und Erschöpfung. Es ist weder edel noch demütig … Es ist unnötig und märtyrerhaft. Steig vom Kreuz, Liebes. Wir brauchen das Holz für prächtige Lagerfeuer, um die herum wir sitzen und singen.

Vielleicht hast du irgendwo in den Tiefen deiner Seele gefühlt, dass es äußerst egoistisch ist, Träume zu verfolgen oder den Status Quo in Frage zu stellen. Oder privilegiert. Du denkst an die Unterprivilegierten der Welt, und plötzlich kommen dir deine begehrlichen Mittelklasse-Träume eher aufgeblasen vor. Aber hier ist der Knackpunkt … Es steht uns in jedem Moment frei, arm vor Angst oder reich durch Liebe zu sein. In den Augen des Göttlichen gibt es keine Reichen oder Armen. Diese Etiketten trennen uns nur voneinander. Wahres Mitgefühl sieht nie jemanden als arm an. Es sorgt für eine höhere Vision und eine tiefere Geschichte.

Einige der reichsten Menschen, denen du begegnest, haben keinen Penny. Und einige der Ärmsten scheinen alles zu haben. Es geht nicht um Geld, wann begreifen wir das endlich? Der aufgeblasene CEO, der im Privatjet fliegt, und das verhungernde Kind, dem Fliegen übers Gesicht krabbeln, tragen den gleichen göttlichen Funken in anderer Form in sich. Spiel mit deinen Ideen von Ungerechtigkeit. Von Armut und Reichtum. Wirf die alten Geschichten weg. Beginne, neue Realitäten zu schreiben. Wir sind im JETZT. Wir erschaffen unsere Realität, die sich entwickelt und verschiebt. Das tun wir alle. Mit jedem Gedanken. Sieh die Flügel der Menschen, jedes Menschen. Verwechsle nie Mitgefühl mit Mitleid. Und ersetze Empathie nicht durch Stärkung.

Es ist weder hilfreich noch wünschenswert, die Opfer/Underdog-Geschichte zu fördern. Es ist schön zu sagen: »Ich habe es verstanden. Auch ich bin in die Knie gezwungen worden ... Du kannst jetzt aufstehen.« Eigentlich ist es arrogant, sich mehr auf das Leiden von jemandem zu konzentrieren als auf seine Ganzheit. Und ein Weg? Ein Leben ohne Herz? Wo du dir wie ein Zombie den Weg bahnst und auf den Tod wartest? Also, das ist egoistisch. Dann beraubst du nämlich die Welt deiner ungetrübten Freude und deines strahlenden Herzens. Hör ihm zu, wenn es spricht. Folge ihm. Wiederhole, was es sagt. Das erfordert Berge an Mut und Meere der Tapferkeit. Tu es trotzdem. Reue ist so viel schlimmer. Ja, sicher, du wirst dich zutiefst nackt fühlen. Aber so sind wir doch alle zur Welt gekommen. Und so haben wir auch unsere besten Augenblicke erlebt. Also, mach dich herznackt und seelenbloß und lass dir von der Liebe den Weg weisen.

Wahre Intimität

»Nackt« von CAW.

Nackt hat nichts mit Kleidung zu tun.
Nackt hat nichts mit Haut zu tun.
Nackt ist das Herz.
Sex hat nichts mit Lust zu tun.
Auch nicht mit Liebe, wie wir sie kennen.
Es ist eine geteilte Lebenskraft.
Der Rest ist Rauch, Spiegel, Fantasie und Bild. Das, was sie dir verkaufen und erzählen, bis du vergisst, dich nackt ausziehst und dich wieder an Ganzheit erinnerst.
Haut und Schweiß und Hände und Münder und Nässe und Seufzer und Schenkel und Stöhnen und Atmen.
Spannung.
Reibung.
Erlösung.
Frieden.
Der ursprünglich-schöne, seelenvoll-erotische, unschuldig-wilde Akt, für den Körper geschaffen sind.
Verwoben mit den spirituellen Energien, die wir wahrhaft sind. Das ganze Ding. Die Summe aus mehr als nur Körperteilen. Elektrisch. Alchimistisch. Schwingend. Sinnlich-sensationell.
Verlangen und Transzendenz.
Heiliges Feuer und gereifte Reinheit … platzen und lodern.
Zärtliche Süße und Vulkanausbrüche.
Nacktheit ist nicht im Fleisch.

Sie liegt in den Augen. In der Berührung. In der Stille. In der Abwesenheit. Der Gegenwart. Im Wimmern und Wispern.
Es ist der anmutige Raum zwischen Lippen.
Die Pause und der Stoß.
Die Einladung und die Vollendung.
Nacktheit.
So sind wir geschaffen. So sind wir geboren. Es ist jeder Garten Eden und jede verbotene Frucht.
Wir sind Götter und Göttinnen. Real und voller Narben und Makel und perfekt.
Nackt ist die Seele. Nackt ist unser Licht. Nackt ist unsere wahre Quelle. Ohne Verteidigung und bloß sind wir neu geboren … als Säuglinge in ein neues Morgenrot.

Echte Beziehungen

Kurze oder lange Dauer sagt nicht zwangsläufig etwas über eine »erfolgreiche« Beziehung aus. Erfolgreich ist eine Beziehung, in der du wichtige Seelenwachstumslektionen lernst und dann anwendest. Eine, in der du dahin gelangst, die andere Person nie mehr für dein Glück oder dein Elend verantwortlich zu machen. Es spielt keine Rolle, ob ihr nach der Trennung Freunde bleibt oder nie wieder miteinander sprecht. Es geht nur darum, ob wir unsere gemeinsame Geistesmission erfüllt haben. Was haben wir über die Liebe und das Leben gelernt? Sind wir gewachsen? So etwas wie eine »gescheiterte Beziehung« gibt es nicht. Jede Beziehung gibt uns wichtige Geschenke, Tools und Lektionen mit. Sie sind alle Spiegel unserer Glaubensannahmen, unserer Programme, Geschichten und unseres inneren Potenzials. Und … ja … vor allem die Beziehung mit uns selbst und dem Göttlichen ist wichtig und bestimmt die Levels von Tiefe und Wachstum. Wenn du Beziehungen vermeidest, oder wenn du nicht weißt, wie es ist, allein zu sein, stagnierst du. Balance. Offenheit. Bereitschaft. Das sind die Ingredienzien für glückliche, gesunde Verbindungen. Und mit so viel Liebe wie möglich dich hinzugeben und einzutauchen oder wegzugehen und loszulassen.

»Der Mann, der Angst hat, von einer Frau besessen zu werden, kann nie sein Herz voll verschenken. Die Frau, die Angst davor hat, sich in der Beziehung mit ihrem Mann zu verlieren, kann sich niemals ganz finden.« – CAW

(Noch einmal: Du kannst jedes Geschlecht, jede für dich denkbare Verbindung einsetzen.)

Ich glaubte früher, Intimität sei Bindung, Engagement, Gemeinschaft, Zuneigung, geteilte Präsenz, Verletzlichkeit und Authentizität. Dann ging ich in die andere Richtung. Ich glaubte, Intimität sei Distanz, Überwinden von Verlangen, der Versuch, bedingungslose Liebe zu geben oder zu empfangen, Mangel an Erwartung, nichts persönlich nehmen, nicht bedürftig sein, keinen Einwand gegen die Liebe zu haben. Jetzt sehe ich, was das ALLES für ein gewaltiger Blödsinn war. Totale Angst … mit unterschiedlichen Gesichtern. Beides gleichermaßen Illusionen. Die überschwängliche Sentimentalität und die kalte Rationalität. Und dabei ist es keins von beidem. Es ist weder Vermeiden noch Eintauchen. Es ist einfach nur das, was es ist, ohne es zu beurteilen oder ändern zu wollen.

Für mich findet der Tanz wahrer Intimität nicht zwischen dir und deinem höheren Selbst oder dir und dem Göttlichen statt. Es ist kein Tanz zwischen dir und einer anderen Person. Es ist kein Krieg zwischen Verstand und Herz. Du musst nur alles sehen und es sanft annehmen. Es ist der Tanz, der erblüht, wenn du diese absurden isolierenden oder coabhängigen Extreme überwindest. Es ist Leidenschaft UND Mitgefühl. Es ist reizvoll und lebendig. Es ist chaotisch und köstlich. Und es hat auch Ebbe und Flut und Lernkurven. Es knisterknackt und schimmerfunkelt. Leben IST Beziehung. Wir können es leicht oder kompliziert machen. Wir wachsen, indem wir unseren eigenen Intimitätsstil finden und uns darin entwickeln. Indem wir lernen und unsere Grenzen ehren, werden wir grenzenlos. Wenn wir unser höheres Bewusstsein mit unserem Körperbewusstsein vereinen, tritt eine göttliche und sexy heilige Union ein. Zuerst im Inneren, aber dann auch nach außen. Also lauf nicht vor der Liebe weg und jage ihr auch nicht nach. Klammere dich nicht daran und unterdrücke sie nicht. Nimm alle ihre Versionen an und lerne, welche sich für dich am besten anfühlen. Und dann sei diese Art von Liebe in der Welt.

Wir brauchen nicht noch mehr Theorien, Philosophien oder Geschichten. Wir brauchen mehr Anwendung, mehr Liebe in Aktion. Devotion in Bewegung. Allerdings verbinden uns auch die Geschichten. Sie inspirieren uns zum Handeln.

Also brauchen wir vielleicht doch mehr Geschichten, wenn auch nur die, die uns aufwühlen und anregen, die uns entzünden, erfreuen und vereinen.

Der Jazz intimer Verbindungen

Wie würdest du mit der potenziellen Liebe deines Lebens sprechen oder dich bei ihr verhalten? Würdest du ihr von all den Fehlern in früheren Beziehungen oder Jobs erzählen? Würdest du versuchen, sie mit all deinen Leistungen oder aufregenden Hobbys zu beeindrucken? Ich glaube eher, wir reagieren ziemlich seltsam darauf, potenziellen Lebenspartnern zu begegnen. Wir werden extrem. Entweder verbergen wir Teile von uns aus Angst, abgelehnt zu werden, oder wir erzählen viel zu viel von uns, um auszuprobieren, ob der andere bleibt oder davonläuft. Natürlich müssen ein paar Mauern fallen, wenn du jemanden triffst, den du wirklich magst, und wenn ihr beide euch zueinander hingezogen fühlt, aber Warnsignale sollten definitiv beachtet werden. Beobachte, wie er von sich, von Ex-Frauen oder vom Leben allgemein spricht. Und beobachte, wie du dich fühlst, wenn du mit ihm zusammen bist. Leicht und frei? Angespannt und ängstlich? Sicher und geliebt? Ich glaube, wir sind eigentlich alle ganz schön intuitiv heutzutage, und wir wissen sofort, wenn jemand nicht authentisch ist oder seine Worte nicht mit deinen Schwingungen zusammenpassen. Wir wissen, wenn jemand sich zu cool gibt oder unnötig hart mit sich ist. Wir versuchen es nur zu übersehen oder es zu rationalisieren.

Aber dein Herz und dein Bauch sagen dir, was wirklich mit ihm los ist. Sie zeigen uns immer viel mehr als die Worte des anderen. Wir hören laut und deutlich, was er nicht sagt. Also lege ich mein ganzes Ich, alles von mir, auf den Tisch. Nicht um jemanden zu überwältigen oder einzuschüchtern, sondern um zu mir zu stehen. Ich bin nett zu mir, aber ich sehe auch durchaus Bereiche, in denen ich mich verbessern könnte. Wenn es um das Herz geht, spiele ich keine Spiele. Das kann ich nicht. Also rede ich mit jedem so, als sei er die potenzielle Liebe meines Lebens oder als würde er sie vielleicht kennen. Und nicht, als ob er ein »zufälliger Freund«, eine »Netzwerk-Möglichkeit« oder eine intellektuelle Kuriosität sei. Liebe ist kein Endspiel. Sie ist keine Strategie und keine Agenda. Sie ist wie Jazz. Und wir improvisieren und setzen Akzente. Wir spüren, wo die anderen Bandmitglieder aufnahmebereit sind oder zugemacht haben, wo sie jagen und wo sie laufen. Wir sehen, hören und fühlen alles. Und wir bewegen uns im Takt der Musik und finden großartige Tanzpartner, die keine Angst haben zu führen, sich aber auch führen lassen. Wir haben so viel Spaß wie möglich und zeigen tiefen Respekt uns und den anderen gegenüber, wenn sich die Musik ändert.

Jede Person, der du begegnest, ist ein potenzieller Seelengefährte. Darum geht es nicht. Die Frage ist, ob es ein Gefährte zum Jammern oder zum Strahlen ist. Und die Antwort hat nichts mit dem anderen zu tun, auch nicht mit dem Schicksal oder mit deiner Kindheit. Es geht nur darum, wie gut und tief du dich selber kennst, liebst und ehrst. Wie bereit du bist zu kommunizieren, anzuerkennen, wegzugehen, um das zu bitten, was du brauchst und willst. Dich hinzugeben, ohne dich aufzugeben. Zu bleiben und zu versuchen. Zu tanzen und zu lügen. Anstrengend, frustrierend und total unnötig.

Lass die Menschen alles von dir wissen. Bau nicht noch mehr Mauern auf, das macht dich nur einsam. Mach anderen Leuten keinen Vorwurf, wenn sie dich nicht verstehen. Du musst ihnen schon dabei helfen. Es erfordert Mut, so verletzlich zu sein. Zu stolpern. Sich zu schämen. Offen und real zu sein und dein tiefstes Selbst zu zeigen. Es erfordert Mitgefühl, Menschen an sich heranzulassen. Es erfordert Bereitschaft, intim zu sein. Du musst kühn und mutig sein, um der Welt dein vernarbtes, zerbrochenes Herz zu zeigen. Wenn du dich versteckst, bist du nur ein Opfer. Auch wenn du dich oder die Liebe aufgibst. Wenn du dir immer wieder vormachst, Teile von dir seien nicht liebenswert und du müsstest dich ständig präsentieren, witzig, hübsch oder cool sein. Nein. Gib dich den Leuten zu erkennen. Vollständig. Das ist scharf und sexy. Es macht auch ihnen Mut. Liebe inspiriert nicht nur, sie beruhigt auch, heilt und enthüllt sich selbst. Lass dich erkennen. Ganz und vollständig. Das ist die Grundvoraussetzung für all deine anderen Liebesbeziehungen. Wie gut behandelst du dich? Kannst du dich entspannen und dich von dem Auf und Ab der Jazz-Konversation in diese zeitlosen Orte hineinziehen lassen, wo es einfach nur eine Freude ist, einander kennenzulernen?

Ich weiß noch, wie mir dieses Konzept zum ersten Mal in den Sinn kam. Mein Dad lag im Sterben. Ich hatte zugesehen, wie dieser kräftige, lebensfrohe Mann, der Schulleiter und außerordentlicher Professor für Pädagogik gewesen war, von einem Helden und Fels, Mentor und Vorbild zu einem bis aufs Skelett abgemagerten, traurigen, kranken alten Mann wurde. Und das in schockierend kurzer Zeit. Er wollte nicht, dass seine ehemaligen Studenten, seine Kollegen und seine Familie ihn in seinem körperlichen Verfall sahen. Ich sagte zu ihm:

»Dad, lass dich einfach von den Leuten lieben. Alles an dir. Den starken und charmanten Mann, zu dem alle aufgeblickt und den sie verehrt haben, aber auch diesen Mann, dem es jetzt wirklich schlecht geht.« Ich sah, wie seine Augen weich wurden, und ich wusste, er hatte mich verstanden. Aber er ließ doch nur eine begrenzte Anzahl von Besuchern zu, und auf seiner Beerdigung sagten unzählige Menschen völlig geschockt Sätze wie: »Ich kann es nicht fassen. Wir wussten noch nicht einmal, dass er krank war.«

Wir versagen uns oft die Dinge, nach denen wir uns sehnen, weil wir denken, dann entweder mit Haut und Haaren verschluckt oder verlassen zu werden. Aus unverfälschter Intimität machen wir klinische Co-Abhängigkeit. Wir machen sie zu einer Krankheit und werden unabhängig bis zur emotionalen Isolation. Wir bezeichnen sie als ungesunde Bindung, Verlust von Identität und Freiheit. Wir laufen vor dem Balsam der Vereinigung davon, und doch suchen wir sie überall. Unser souveränes Ich fleht uns an zu verstehen, wie viel stärker wir sind, wenn wir Verletzlichkeit zulassen. Wenn wir zulassen, dass wir ganz gesehen, gehalten, erkannt und geliebt werden, und wenn wir uns um unsere eigene Entwicklung kümmern. Wenn wir aufhören, Beziehungen entweder als Heiligen Gral oder als Gefängniszelle zu sehen. Dynamische Partnerschaften, die auf wahren Beziehungen beruhen, tauchen dann überall auf. Sie sind wild und fragil. Lauf nicht vor ihnen weg und auch nicht auf sie zu. Sei einfach da und präsent ... bereitwillig und offen. Die Liebe kümmert sich dann schon um alles Übrige.

Was es doch für ein Geschenk ist zu fühlen. Es ist wirklich eine wundervolle Gabe, verpackt mit der allerschönsten Liebesschleife. Und oft tun wir fast alles, um uns den Gefühlen, die aufsteigen und uns befreien wollen, nicht vollständig zu öffnen. Aber gerade darin liegt doch das Beste von allem. Öffne das Geschenk deiner Gefühle. Sie bringen dich schon nicht um, es sei denn, du weigerst dich, sie zu fühlen. Sie werden dich sogar retten. Immer wieder. Bevor du loslassen kannst, musst du jedoch verstehen, warum du dich festhältst. Bevor du vergeben kannst, musst du die Wunde spüren und davon lernen. Bevor du weitermachen kannst, musst du aufhören, die Tatsache zu verurteilen, dass du dich noch gar nicht bewegt hast. Bevor du Verantwortung für dein Leben übernimmst, musst du dich total hingeben. Keine dieser Veränderungen braucht lange zu dauern. Sie können sehr schnell passieren. Und dann ist wahre Ganzheit wiederhergestellt. Wenn wir aufhören, unsere sogenannten Fehler zu bekämpfen, können wir genießen, wie fabelhaft wir sind. Von chaotisch bis prachtvoll. Alles von uns.

Teil 3

Fehlerhaft und fabelhaft

Der heilige Raum des Bedürfnisses

Irgendwann in seiner Entwicklung wurde aus dem Konzept von »Bedürfnis« etwas Schmutziges. Es gibt eine Art spiritueller Polizei, die auf alles anspringt, was Bedürfnis, Begehren, eine »Mangel-Mentalität« oder das Streben nach etwas außerhalb von dir selbst beinhaltet. Das ist absurd. Natürlich können wir das gesamte Universum in uns und um uns herum finden. Immer. Wir dürfen nicht zulassen, dass Menschen sich schämen oder geringer fühlen, weil sie Bedürfnisse haben. Das impliziert nicht immer einen »Mangel« an Bewusstsein. Oft ist es eine schöne Bestätigung für diejenigen, die die eigenen persönlichen Bedürfnisse geleugnet oder die Bedürfnisse anderer so lange vor ihre eigenen gestellt haben, dass sie krank und unausgeglichen wurden. Bedürfnisse sind menschlich, und es ist gesund, diese Bedürfnisse zu identifizieren und zuzugeben. Interdependenz bedeutet, dass wir alle über Gaben verfügen, mit denen diese universellen Bedürfnisse erfüllt werden können. Also mach aus »Bedürfnis« kein schmutziges Wort. Es ist ein heiliges Wort. Kraftvoll. Es macht dich nicht schwach und auch nicht bedürftig. Es macht dich prachtvoll MENSCHLICH. Also, akzeptiere deine Bedürfnisse.

Nein … Du kannst dich dadurch nicht verwirklichen, aber du kannst es auch nicht umgehen. Es ist wirklich nichts Schlimmes, Unspirituelles, Unheiliges, Kindisches oder Egoistisches daran, wenn wir zugeben, dass wir Bedürfnisse haben. Es lässt uns scheinbar nur »bedürftig« und emotional unreif erscheinen, und das verleiht uns in spiritueller Hinsicht einen gewissen »Geruch«. Aber das ist nur die halbe Wahrheit. Natürlich wollen wir nicht ständig als Schwarzes Loch leben, das immer äußere Quellen zum Auffüllen braucht. Aber als Individuum wie als Planet müssen wir diese Sache mit den Bedürfnissen neu ausbalancieren, weil viele von uns von ihren Bedürfnissen so lange abgeschnitten waren und nur die Bedürfnisse anderer erfüllt haben, dass wir uns jetzt in einer echten Mangelposition befinden. Uns fehlt die Fähigkeit zu erkennen, was wir wirklich brauchen, was uns wirklich auf tiefster Ebene erfüllt und nährt.

Es ist okay zu wollen. Zu begehren. Zu brauchen. Die Saat will wachsen. Die Blume braucht Sonnenschein. Und wir alle brauchen es, Liebe zu geben und zu empfangen, um gedeihen zu können. Das ist nicht schmutzig oder sündig. Das sind keine Ego-Fesseln. Keine unreinen Gedanken. Sie binden uns sanft ans Leben. An Träume. An etwas, worauf man sich freuen kann. Wünsche. Hoffnungen. Sucht entsteht nur, wenn unsere Wünsche verurteilt werden. Verlangen ist heilig. Verwirklichung ist heilig. Bedürfnis ist heilig. Dadurch brennen wir für das Göttliche. Ob es ein schöner Tag ist, ein schönes Zuhause, ein schöner Körper oder ein schönes Herz, für das wir brennen oder wonach wir uns sehnen ... ALLES ist okay. In allem liegt Bedeutung und Anmut. Wollen und Brauchen wird bei uns mittlerweile gleichgesetzt mit Gier. Mit spiritueller Unreife. Anspruchshaltung. Nein. Lass dir keine Angst machen. Materielle oder spirituelle Bedürfnisse gehören zum Mensch-Engel-Sein. Dinge sind Instrumente. Nicht mehr und nicht weniger.

Ja, die besten Dinge im Leben sind kostenlos, einschließlich der Freiheit, sich mit dem Verlangen anzufreunden. Wenn du dich erfüllt und dankbar fühlst, kommen deine Wünsche schneller zu dir. Aber du musst wünschen wie ein Kind, absolut rein und im Jetzt des Wunsches. Kinder wissen noch nicht genug, um nicht zu wünschen, und sie wissen auch nicht, dass es als falsch gilt.

Nur eine Person?

Das werde ich gefragt, wenn ich mich manchmal zum Mittagessen einlade. Heute habe ich mich mit einer Klientin unterhalten. Sie ist auch »Single« und erklärte mir, wir Alleinstehenden in den Dreißigern und Vierzigern seien die wahren Romantiker. Wir wissen, dass wir uns nicht mit Kompromissen zufriedengeben können. Wir glauben an »für immer«, daran, mit jemand Besonderem älter und weiser zu werden und im tiefsten Wortsinn Seelengefährten zu sein mit allem, was dazu gehört.

Uns selbst gegenüber geben wir es zu. Nicht das Märchen. Nicht den Film. Nicht die Arche Noah mit den Paaren.

Nein, das Richtige, Echte. Also warten wir. Und wir arbeiten an uns. An einem erfüllten, glücklichen Leben. Daran, uns selbst tiefer zu lieben und uns den Glauben zu erhalten, dass es diese anhaltende, befriedigende Liebe nicht nur gibt, sondern dass es sich auch lohnt, darauf zu warten. Und wir finden es in Ordnung, uns einzugestehen, dass wir warten. Wir hören auf, das Warten zu verurteilen. In der Zeit des Wartens gibt es Beziehungen und Lebenslektionen, Errungenschaften und Enttäuschungen. Wir lernen alles über das Level von Intimität und Bindung.

Wir sind nicht mehr »nur einer«, sondern unzählig viele. Wir sind die wahren Romantiker. Wir wissen, wer wir sind. Wir wissen, was wir verdient haben. Und womit wir uns nicht zufriedengeben. Wir begnügen uns nicht. Wir vertrauen. Immer wieder öffnen wir unsere Herzen. Und in der Zwischenzeit ruhen wir uns aus, genießen unsere Einsamkeit und verinnerlichen, was wir aus unseren früheren Beziehungen gelernt haben.

Nein. Wir brauchen und wollen keine Märchen. Wir wollen etwas viel Besseres. Und wir wissen … zuerst entsteht diese Verbindung in uns … und dann strahlt sie auch auf eine Partnerschaft aus – wenn wir das wollen. Sie wird uns wählen. Warum? Weil wir Liebe, Freiheit, Loyalität und tiefe Bindung wählen. Wir bleiben lieber allein, als mit jemandem zusammen zu sein, der uns nicht auf dem tiefsten Level begegnet. Wir wissen, wie besonders und heilig es ist, wenn wir unser Herz voll geben. Und deshalb lassen wir uns wählen. Immer wieder. Nur ein … Herzschlag … zu … einer … Zeit.

Heuchler und Anwärter

Wenn du aktiv und bewusst einen Partner anstrebst, der ein hoch entwickeltes Bewusstsein hat und dein Leben souverän teilt, ist es faszinierend zu sehen, wer auftaucht, um zu testen, wie klar und bindend du dieses Thema siehst. Du strahlst nämlich ein attraktives Signal aus. Du übermittelst eine Energie, nach der viele hungern, auch wenn sie innerlich nicht vollständig bereit sind, sich in diesem Maße einzubringen. Du wirst daran erkennen, in welchen Bereichen du noch aufräumen musst.

Bleib einfach nur aufrichtig mit dir selbst in dem, wer du bist und was du wirklich willst, brauchst und verdienst. Das heißt nicht, dass du Vorurteile äußern oder dich als »etwas Besseres« fühlen sollst, du sollst einfach nur ein gesundes Beurteilungsvermögen bewahren. Lass dich auf Ambiguität nicht ein. Das kannst du nicht. Du hast dir deine Klarheit schwer erarbeitet und brauchst jemanden, der ebenso klar und bereit ist. Mentale oder emotionale Spielchen machen dir etwas vor. Und sie zeigen dir Bereiche, in denen du dich selber anlügst. Das ist okay. Eigentlich ist es sogar toll, weil es deine Entschlossenheit stärkt und dein Signal zum Leuchten bringt.

Wenn ein echter Partner-Kandidat vor dir steht, merkst du es daran, wie du für ihn empfindest und wie du dich fühlst, wenn du an ihn denkst. Und bis dahin sammle einfach alle Puzzleteile im Dating-Prozess. Es gibt keine lang dauernden Beziehungen und keine Zufallsbegegnungen mehr. Es gibt nur noch verschiedene Grade von

Intimität und Offenheit. Und wenn die Intimität tief ist und Vertrauen herrscht, wenn radikale Aufrichtigkeit sich mit Liebe und Mitgefühl mischt … dann entsteht Langlebigkeit, die Verbindung vertieft sich, und Menschen sind zusammen, weil sie es *wollen*, nicht aus Verpflichtung, Gewohnheit, Angst vor Veränderung oder gemeinsamen Verantwortlichkeiten, sondern weil ihre Liebe wachsen soll. Und zu dieser Gleichung gehört als natürlicher Bestandteil auch Monogamie. Ein heiliges Gefäß für Seelen, um ihre höhere Wahrnehmung zu vermischen und zu integrieren. Wenn es trotzdem noch Verbindungen mit mehreren Partnern gibt, dann lässt du nach wie vor eine Hintertür in deinem Herzen offen, was bedeutet, dass du dich auf einem bestimmten Level in eurer Verbindung eher gefangen als befreit fühlst. Wenn alle Beteiligten genau auf der gleichen Wellenlänge und extrem aufrichtig wären, dann könnte das möglicherweise ein gesundes Szenario sein. Aber das ist für gewöhnlich nicht der Fall. Ich kann über solche Konstellationen kein Urteil abgeben, aber sie bergen meiner Meinung nach häufig viel Konfliktstoff und Verletzungen. Du kannst in ihnen lernen, aber ich halte sie nicht für zukunftsfähig.

Es geht um dein Herz. Such dir jemanden aus, der es liebt. Der sich öffnen und sich voll binden kann. Halt dich fern von denjenigen, die das nicht können. Du hast diese Art von Frieden, Würde, Klarheit und Leidenschaft, die daraus entstehen kann, verdient. Wir alle haben sie verdient.

Emotionale Reife

Ich habe in der letzten Zeit häufig über den Begriff »emotionale Reife« nachgedacht. Für mich bedeutet das, die volle Verantwortung für sein eigenes Glück zu übernehmen. Für deinen emotionalen Zustand gibst du in keiner Weise dem Leben die Schuld. Dir ist klar, dass niemand dich verletzt, verbrannt, betrogen, ins Unrecht gesetzt oder schlecht behandelt hat. Solche Vorstellungen kommen in deinem emotionalen Vokabular einfach nicht mehr vor.

Früher haben sie auf dich reagiert. Diese Vorstellungen haben dich gespiegelt. Deine Grenzen getestet. Sind aus ihren eigenen konditionierten Ängsten entstanden. Du wirst nachsichtig gegenüber all dem, was in deinem Leben passiert ist, und du siehst es als Liebeslektion, die dich geformt hat. Du siehst, wo und wie du in dem falschen Glauben gelebt hast, Liebe sei eher eine Verpflichtung als ein Geschenk. Du siehst, auf wie viele Arten du dich angelogen oder betrogen hast, indem du deine Wünsche und Bedürfnisse nicht klar geäußert hast. Oder indem du keine Konsequenzen aus unerwünschtem Verhalten gezogen hast. Du verzeihst dir all das und bist ab jetzt entschlossen, nicht mehr wie ein Opfer zu fühlen, zu denken, zu sprechen oder zu handeln.

Es ist eine große, innere Veränderung. Sie bedeutet, dass du unerwünschtes Verhalten nicht mehr akzeptierst und dich nicht mehr mit weniger zufriedengibst, als du verdient hast. Aber du machst auch keinem anderen einen Vorwurf daraus, ob verbal oder mental, weil du weißt, dass du diese Erfahrung gewählt hast. Deine Seele hat sie gewählt. Ganz gleich, wie schrecklich oder wie großartig, es war eine Wahl. Natürlich keine bewusste Wahl, an die du dich erinnerst, aber du hast sie getroffen, bevor du hierhergekommen bist. Um mehr Mitgefühl und Kapazität für eine noch größere Liebe zu haben. Um dich daran zu erinnern, dass du weder Fußabtreter noch Märtyrer bist. Um dich zu lehren, für dich einzustehen. Um all die unwahren Dinge, die du tief in deinem Inneren über dich fühlst, zu reflektieren.

Wenn du zum Beispiel glaubst, Leuten einfach nicht vertrauen zu können, werden so lange nicht vertrauenswürdige Menschen zu dir kommen, bis du diesen Gedanken geändert hast. Verankere deine Wertigkeit tief und verbessere deine Kommunikationsfähigkeiten. Wirst du immer noch vergessen und manchmal in die Opferrolle fallen? Wirst du immer noch sagen, was soll's, zu Gewalt gegen unschuldige Kinder, Grausamkeit gegen Tiere oder Vergewaltigungen? Das ist nach deinen Maßstäben furchtbar unfair, schrecklich verstörend und sehr falsch, so wie Armut und jede andere Daseinsform auch, die einem unterprivilegiert und verletzlich vorkommt. Einverstanden. Aber versuch es einfach mal mit dieser Idee: Sehr entwickelte Seelen wählen manchmal die schwersten und hässlichsten Lektionen, so wie große Schauspieler sich die anspruchsvollsten Rollen aussuchen. Und wir alle bearbeiten unser Karma auf unterschiedliche Arten.

Vor seinen Seelenlektionen kannst du niemanden schützen. Du kannst nur Liebe und exemplarische Sicherheit, Gesundheit, Fülle und Stärkung anbieten. Außerdem gehören zur Reife auch definitiv Verspieltheit und Bereitschaft. Du spielst Rollen, führst Dramen und Geschichten auf und drückst deine Ganzheit aus. Und das ist so gesund und fühlt sich so frei an, dass du nicht mehr zu einer anderen Form des Lebens oder der Interaktion zurückkehren willst. Du wirst es tun, aber du wirst es nicht wollen.

Katalysator und Zuflucht

Jeder von uns spielt unterschiedliche Rollen zu unterschiedlichen Zeiten für unterschiedliche Leute. Wenn du weißt, welche Schwingung dein wichtigstes Geschenk für die Welt ist, gehst du ab wie eine Rakete.

Ich bin ein Katalysator. In diesem alchemistischen Prozess helfe ich vielleicht jemandem, ein tiefes Gefühl für die innere Zuflucht zu finden. Aber das war und ist nicht meine wichtigste Rolle. Ich habe mich nie nach häuslicher Intimität gesehnt. Dazu war ich immer zu wild und zu frei. Käfigliebe fand ich nie reizvoll. Das geht mir heute noch so. Ich wusste immer, dass göttliche Romanzen und Verbindungen, die auf irdischer Sicherheit oder ungesundem Festhalten statt auf leidenschaftlichem Engagement basierten, zwei völlig verschiedene Paar Schuhe waren. Jetzt jedoch trete ich in eine neue Phase ein, in der Zuflucht, Familie und bewusste Souveränität, die man mit jemandem teilt, reizvoller sind. Für mich hat das nichts damit zu tun, dass ich mich »niederlasse« oder gezähmt werde. Ich sehe es eher als Gefühl einer inneren Bereitschaft, mich mit jemandem zusammenzutun, der diese beiden Energien versteht und weiß, wie man sie leicht ausstrahlen kann.

Du musst wissen, wann es Zeit zum Ausruhen und zum Nestbau ist und wann es Zeit ist auszugehen. Leben und Liebe sind nur ausgeglichen, wenn jeder Zeit für sich allein hat. Doch wenn dein Partner immer auf der Couch liegt oder vor der Xbox sitzt, während du Salsa tanzen oder reisen willst, dann kann das zum Problem werden. Das Gleiche gilt, wenn du ständig unter Strom stehst und es nicht fertigbringst, manchmal einfach nur zu faulenzen. Oder wenn einer von euch Sex liebt und der andere überhaupt nichts daran findet – das ist ein Problem. Deshalb ist es ganz wichtig, seine Schwächen und Stärken zu kennen. Das erst macht dich reizvoll für deinen Partner. Doch wenn du zu bedürftig bist, klammerst, Angst vor Veränderung hast, co-abhängig bist, immer wieder nur die alten dysfunktionalen Muster wiederholst und dabei erwartest, dass ein anderer dir mehr gibt als du dir selbst, dann bist du auf dem falschen Weg. Darin wirst du keine Zuflucht finden, immer nur Verstecken und Vermeiden, aber keinen wahren Frieden.

Du musst dich zuerst selbst kennen und lieben. Freu dich über jede Person, die diesen Raum mit dir teilen will, und lass sie einfach sie selbst sein. Wenn es eine Zufluchts-Person ist? Katalysator-Menschen brauchen Zufluchts-Menschen. Manchmal vertauschen wir die Rollen, ohne es überhaupt zu bemerken. Aber es stimmt … Ich bin eine Katalysator-Person. Ich blühe auf, wenn ich mit Zufluchts-Menschen zusammen bin. In ihrer Gegenwart fühle ich mich gestützt, ermutigt, sicher, genährt, geliebt und beruhigt. Das ist für mich eine ziemlich neue Erkenntnis.

Ich brauche wirklich nicht noch mehr Menschen, die mich herausfordern. Das strengt mich viel zu sehr an, weil ich mich selbst STÄNDIG herausfordere. Ich kann manchmal enormen Druck auf mich ausüben, obwohl ich schon viel besser darin geworden bin, es nicht zu tun. Ich brauche beruhigende Menschen, die die meiste Zeit im Frieden mit sich selber sind. Solche Leute haben eine heilsame Wirkung auf mich. Ich liebe auch die überschwänglichen Enthusiasten. Enthusiasmus kann ebenfalls eine Zuflucht sein. Im Grunde liebe ich Menschen, die sich selbst aufrichtig lieben und einen Punkt im Leben erreicht haben, an dem sie nichts mehr beweisen, verteidigen oder erklären müssen. Die gleichermaßen würdevoll »Es tut mir leid« und »Ich liebe dich« sagen können und es auch wirklich meinen. Sie haben den Witz verstanden, dass das Leben ein großes, episches, zeitlich beschränktes Abenteuer ist. Und wir sind auf der Welt, um zu lieben, um einander leuchten zu lassen, um alles zu fühlen und jede Menge Spaß zu haben.

Müssen wir denn gleichermaßen herausgefordert wie geliebt werden? Ja, von denen, die uns lieben und wissen, wie wichtig es ist, wenn sie sich mehr herausfordern als andere. Diese Art von Herausforderung fühlt sich eher an wie Liebe und nicht wie eine Korrektur.

Heilige Partnerschaft

»Jeder sucht nach einem Seelengefährten;
ich suche einen Spielgefährten.« – CAW

Mit etwa acht oder neun Jahren war ich mit meiner ganzen Familie in einem Restaurant. Dort gab es eine Tanzfläche. Vielleicht war es ja ein Ballsaal. Auf jeden Fall saßen wir nach dem Essen am Tisch und ein Junge, der etwa in meinem Alter war, kam zu uns und fragte mich, ob ich mit ihm tanzen wolle. Ich wurde knallrot und sagte: »Nein, danke.« Enttäuscht zog er ab. Meine Tanten, meine Eltern und Großeltern machten mir sofort Vorwürfe. »Oh, sei doch nicht so gemein … Du hast die Gefühle des Jungen verletzt. Guck mal, er ist ganz traurig. Tanz doch mit ihm! Ein Tanz bringt dich schon nicht um. Na los, geh hin. Sei nicht schüchtern. Nur ein Tanz! Das gibt ihm ein besseres Gefühl.« Ich meine, ich wäre in Tränen ausgebrochen und sie hätten das Thema fallengelassen. Es kann aber auch sein, dass ich schließlich nachgab und doch mit ihm tanzte. Ich weiß es nicht mehr genau. Nur an den immensen Druck dieses Moments kann ich mich erinnern. Ich wollte nicht tanzen. Warum gaben sie sich mit meiner Entscheidung nicht zufrieden? Waren MEINE Gefühle nicht so wichtig? Warum waren seine Gefühle wichtiger? Warum war es meiner Familie wichtiger, höflich zu sein als aufrichtig?

Für mich war es ein wichtiger Wendepunkt. Danach sah ich Jungen und Männer anders. Sie konnten etwas von einem verlangen, was man nicht wollte, sie konnten dich mit Schuldgefühlen und Scham manipulieren. Das wird oft Frauen vorgeworfen, aber ich habe in diesem Moment eine andere Lektion gelernt.

Es hat Jahrzehnte gedauert, um die Botschaften dieses Augenblicks neu zu schreiben. Es hat lange gedauert, bis ich das kleine Mädchen, das einfach nur nicht tanzen wollte, in den Arm nehmen konnte. Dass jemand mit dir tanzen will, bedeutet nicht, dass du es mitmachen musst. Nur weil jemand dich wählt, musst du ihn nicht ebenfalls wählen. Beim Tanzen sollte es keinen Druck geben. Tanzen soll Spaß machen, freudig und frei sein. Nicht formell und gezwungen. Nicht manipuliert, voller Scham und Schuldgefühle. Die Gefühle des anderen sollten nicht über deinen stehen. Ich tanze jetzt für mich. Für mich und für die Liebe. Und mein Partner? Er wird das verstehen. Völlig.

Alles, was nicht zu dem authentischen Du passt, fühlt sich an wie eine Anstrengung, ein Kampf oder harte Arbeit.

Lerne daraus, dass unsere unbehaglichsten »Nein danke« oft zu freudigsten »Ja« führen.

Wir alle lieben unsere Freiheit. Und wir alle wollen und verdienen wahre, dauerhafte Liebe. Niemand will sich in einer intimen Beziehung verbiegen oder so verändern müssen, dass er sich nicht wiedererkennt. Wir alle wollen nur wir selbst sein … Frauen WIE Männer. Und wir alle wollen jemanden, der bei uns bleibt und mit uns wächst und sich entwickelt. Alles Übrige entdecken wir im Vorbeigehen, und bewusst offen laden wir neue Geschichten ein.

Von der Seelengefährten-Flüsterin Arielle Ford habe ich Folgendes gelernt: Wenn du dir eine heilige, sinnliche

Partnerschaft unbedingt wünschst, musst du sie zur wichtigsten Sache in deinem Leben machen. Auch wenn du dich fernhältst von allen Ablenkungen und lustvollen Affären, Obsessionen oder Fantasien, werden sie immer noch kommen und gehen. Sie erfüllen einen wundervollen Zweck. Verurteile sie nicht als falsch/schlecht/sündig/albern und verleugne nicht ihre mächtige Rolle, dir klarzumachen, was dir Spaß macht und dich freut, sondern richte deinen Fokus und deine Energie lieber darauf, dir das zu wünschen, was viel zufriedenstellender und nährender ist. Widme dem anderen Zeug nicht so viel Zeit und Energie. Schaff in deinem Herzen Platz für das Richtige. Auf der Suche nach dieser Art von dauerhafter, erfüllender Bindung wirst du immer noch Begegnungen, Flirts und Verbindungen haben, aber hier gilt der Rat, dich nicht einzulassen. Gib dich nicht zufrieden mit Libidos, die nicht zusammenpassen, mit Werten, die nicht übereinstimmen, oder grundsätzlicher Inkompatibilität in wichtigen Bereichen. Damit tust du dir nur weh. Wenn du jedoch darauf vertraust, dass dein göttlicher Gegenpart nicht feststeckt im Opfer-, Kompromiss-, Verpflichtungs- oder Manipulations-Paradigma von Beziehungen, das alt und überholt ist, ist Freude garantiert. Es wird jemand sein, der absolut bereit ist, diese neue Schwingung von Souve-ränität mit dir zu teilen und auszustrahlen. Zwei ganzheitliche Personen in einer heiligen Gemeinschaft erweitern diese Ganzheit.

Das ist wirklich so neu, dass man es fast nicht erkennt. Daher erscheint es manchmal unerreichbar, flüchtig oder völlig unrealistisch. Aber das ist es nicht. Es ist sehr real.

Sehr ursprünglich. Lebendig. Stärkend. Manchmal erkennen wir es kurz. Es gibt uns einen kleinen Vorgeschmack und neckt uns, um uns zu erinnern – und damit wir wissen, dass wir es wert sind, auf diese tiefere Art zu lieben und geliebt zu werden. Lass deine Seele nicht wieder einschlafen. Du kannst solange leiden und kämpfen, wie du möchtest. Und du kannst Leichtigkeit, Anmut, Spaß, Freiheit und MAGIE abrufen, wenn du bereit dazu bist. Wir alle schwanken zwischen diesen beiden Dynamiken eine Zeitlang hin und her, wenn wir diese neue, frische Art des Seins ausprobieren. Übersieh dabei nicht die Weisheit deines Herzens. Du weißt, was sich für dich richtig anfühlt. Und was nicht. Du weißt es einfach *immer*.

Die Leute fragen mich ständig, was ich über Zwillingsflammen und Seelengefährten, Seelengruppen, karmische Verträge und frühere Leben denke und so. Ich habe das Gefühl, wir sind alle Partner auf der Seelenreise. Wir machen unterschiedliche Tanzschritte mit unterschiedlichen Personen. Wir lernen und lehren unterschiedliche Lektionen. Und was ist mit der tiefen romantischen, erotischen, psychischen, emotionalen, karmischen Anziehung/Verbindung, die wir manchmal bei jemandem empfinden und die so unbeschreiblich stark, manchmal überwältigend und oft unerklärlich ist? Die weit über Lust, Verliebtheit, Obsession oder Attraktion hinausgeht? Ja, da ist etwas dran.

Ich höre oft, dass »die Sehnsucht ein verzerrtes Echo von der *Kodierung* geistiger Wiedervereinigung ist. Sie kann nicht transzendiert, übergangen oder geleugnet werden, sondern muss offen, miteinander, tapfer und aufrichtig erforscht und gewürdigt werden. Wenn man sie nicht beachtet, wird sie immer lauter und drängender«.

Wir halten alle Puzzleteile und Aktivierungsschlüssel füreinander bereit. Das Paradox im Universum *ist* in dir … nicht außerhalb von dir. Aber die Erinnerung an diese ewige spirituelle Wahrheit wird von »anderen« gespiegelt. Das ist also nicht nur eine jämmerliche romantische Fantasie oder eine hormongesteuerte Angst in der Midlife Crisis. Es ist nicht nur die Ruhelosigkeit des »das Gras ist immer grüner …«. Es ist deine Seele, die dich nach Hause ruft. Wie antworten wir auf diesen Ruf? Wie zeigen wir uns in diesem Tanz? Offen in Herz und Geist, klar und aufrichtig in der Kommunikation, oder indem wir angsterfüllt weglaufen und nicht mitmachen? Nun, das muss jeder für sich persönlich entscheiden. Es zeigt dir genau, welche Art von Tänzer du bist.

Ich? Ich tanze mit allen Gliedmaßen, wackele mit dem Kopf, lasse die Hüften kreisen und bin nie ganz im Takt. Aber irgendwie mag ich es so. Mein Mann wird wahrscheinlich auch Freestyler sein. Und wir können liebevoll langsam tanzen und wild abrocken, wenn sich die Musik ändert und die Jahre vergehen. Jitterbug, Tango, Harlem Shuffle, Ententanz, Walzer – alles ist gut.

Teil 4

Universelle Liebe

Nur Liebe

Liebe braucht keine anderen Etiketten. Göttlich oder bedingungslos, erotisch oder platonisch, vertraut oder brüderlich. Es sind nur die Menschen, die sie in Abschnitte und Typen unterteilen. Und es ist eigentlich lächerlich, wenn du einmal darüber nachdenkst. Als ob es eine richtige oder falsche Art zu lieben gäbe. So entstehen die meisten Übel auf der Welt. Und Kriege und Zerrüttung.

Ich kann verstehen, warum diese Idee der Bedingungslosigkeit dir erfrischend und reizvoll vorkommt, wenn du aus einer Familie stammst, die dir gesagt hat, du seiest nicht liebenswert. Das verstehe ich wirklich. WIRKLICH. Aber jemandem zu sagen, er solle bedingungslos lieben, ist die ultimative Bedingung. Das Wort *bedingungslos* klingt in meinen Ohren noch viel gewalttätiger als das Wort *Hass*. In meiner energetischen Wahrnehmung gibt es kein anderes Wort, das so kontrollierend und beschämend ist. Es wird jämmerlich missverstanden und widerwärtig missbraucht. Wenn wir dieses Wort auf einem emotionalen Level in der Interaktion mit einem anderen menschlichen Wesen einsetzen, dann ist das nichts als Täuschung. Wir sagen dem anderen, er solle lieben ohne Bedingungen. Und das alleine ist ja schon eine RIESIGE Bedingung.

Mit seiner Heuchelei setzt sich das Wort also schon selber schachmatt. Liebe einfach so gut du kannst. Und vertrau darauf, dass es mehr als genug ist. Die einzige Person, die du bedingungslos lieben kannst, bist du selber. Punkt. Und das ist ein Leben lang so. Mit der Zeit wirst du immer besser darin werden, und dann liebst du auch die anderen immer mehr. Steigere einfach deinen Selbstliebe-Quotienten und beobachte, wie die Liebe in deinem Leben sich immer mehr ausbreitet. Vorurteile lassen nach, die Fülle wird größer. Du kannst dir natürlich auch selber in den Hintern treten und deinen eigenen Flow abklemmen. Auch das ist deine freie Wahl. Es liegt an dir. *Bedingungen* brauchst du dazu nicht. Noch nicht einmal die verrückte Bedingung, *bedingungslos* zu sein.

Es liegt viel hinterhältige Gewalttätigkeit darin, wenn wir uns selber und einander sagen, wie wir denken, fühlen, essen, reden, beten, Mitgefühl zeigen, heiraten oder sein sollen. Aber vor allem, wie wir LIEBEN sollen. Es ist so viel friedlicher, die anderen (durch das eigene Vorbild) von diesen Monstern im Kopf zu befreien. Wahre Freundlichkeit erfordert keine spirituelle Korrektheit. Sei einfach real. Sei ganz. Sei authentisch. Spiel nicht die vorwurfsvolle spirituelle Polizei, die mahnt: »Du hast deine innere Arbeit nicht gemacht!« Wie ein Saalmonitor für Jesus. Wie beschissen. Wie tragisch. Wie lächerlich. Wie gewalttätig. Wenn du ALLES an dir lieben kannst, dann kannst du auch diese Teile lieben, die du jetzt verurteilst oder auf den Rat anderer hin reparieren willst. Du kannst auch die Stimmen lieben, die ekelhaft und gemein sind. Du kannst sie lieben – sie nicht angreifen, sie nicht gegen die anderen verteidigen –, sie aufrichtig und tief und Gottseidank LIEBEN. Und das beendet den Krieg. Es ist eine zutiefst sexy Kapitulation und TOTALE Freiheit. Schwenk die weiße Fahne und geh mit ganzem Herzen darauf zu. Darauf lohnt es sich zu warten, mit weniger solltest du dich nicht zufriedengeben, und du kannst dein ganzes Herz hineingeben. Und du solltest bereit sein, dich von allem abzuwenden, das nicht zu 100 % so ist.

Wenn zwei Menschen wirklich zusammen sein wollen, dann werden sie auch zusammen sein. Wenn beide es nicht in gleichem Maße wollen, dann nicht. Das ist die einfachste (wenn auch manchmal schmerzhafte) »bedingungslose« Wahrheit, die wir erfahren mussten, um uns von einseitigen Lieben zu befreien. Man sagt gerne »Es ist kompliziert« oder »So leicht ist es nicht«. Oder auch »Es gibt viele Faktoren zu berücksichtigen« und »Ich liebe ihn bedingungslos, ich kann nicht gehen«. Tja … nein. Das bist du – und du willst die Wahrheit nicht sehen. Das geht uns allen so. Wir wollen rechtfertigen oder erklären, warum etwas nicht funktioniert hat oder nicht so gut läuft. »Er war noch nicht soweit.« »Sie hat mir nicht genug vertraut.« Alles Ausreden. Wenn ihr dazu bestimmt seid, zusammen zu sein, dann steht dem nichts im Weg – nichts. Noch nicht einmal Bedingungen. Keine einzige.

Es gibt ein sehr breites Spektrum zwischen jemandem, der gespielt positiv allen Leuten nach dem Mund redet und einem auf Krawall gebürsteten, aggressiven Arschloch. Es macht Spaß, dieses Spektrum zu erforschen. Du bist nie nur auf eine einzige Emotion, Rolle, Bedingung, Ausdrucksweise oder Interaktionsart beschränkt. Erforsche das VOLLE Spektrum. Mitgefühl-Wahrheit und authentische Liebe können schwammig und scharfkantig zugleich sein.

Du kannst nur eine einzige Person jemals bedingungslos lieben. Diese wilde Schönheit im Spiegel. Und weißt du was? Wenn du das tust, wirst du auch die anderen so lieben können. Aber andersherum funktioniert es nicht.

Liebe dein *Ich* bedingungslos. Alles Wilde und Ungezähmte daran. Das Hässliche, das Verrückte, das Gemeine, den Lügner, den Loser ... Liebe einfach alles. ALLES. Denn wenn du DAS tust, dann klappt das vielleicht mit der Bedingungslosigkeit. Vielleicht. Doch das Lustige daran ist, dass es dir dann egal ist, weil du viel zu beschäftigt damit bist, fabelhaft zu sein und jede Menge Spaß zu haben.

Kleine Schritte und große Vertrauenssprünge

Wenn nun das Leben gar nicht Zielen, Schritten, Meilensteinen, Anpassungen und Fortschritt folgt, sondern ... der MAGIE? Mit totaler Hingabe. Und mit lächerlichem, übermäßigem und unmöglichem Glauben? Wenn es gar nicht darum geht, immer nur an die Sicherheit und die Gesundheit zu denken, klug und realistisch zu handeln und fleißig seine Arbeit zu tun? Wenn es stattdessen um Spiel und Freude, loslassen und teilnehmen geht? Wenn Gewissenhaftigkeit nur eine weitere Ablenkung ist? Wenn alles nur ein Spiel ist, das wir selber erfinden? Wenn Pläne nur ein Witz sind? Wenn wir alles nicht so genau nehmen und mit unseren riesigen Mengen an Vertrauen und Liebe und unseren inspirierten und von Intuition geleiteten Handlungen uns jede Sekunde mit Wundern konfrontiert? Wenn wir es zulassen. Wenn wir aufmerksam sind. Wenn wir mitmachen. Ja. Was wäre, wenn?

Magie passiert nicht einfach so. Na ja, vielleicht doch … Aber hinter den Kulissen findet ein Prozess statt, der sie auslöst und ihr erlaubt, sich zu entfalten. Es ist leicht zu sagen: »Ich habe keinen Einfluss darauf, es liegt nur am Schöpfer.« Nein. Das ist eine lahme Ausrede. Es liegt NUR an dir. Du kannst wählen, ob du bewusst und entschlossen mitschöpfen willst … oder ob du passiv auf eingefahrenen Gleisen bleiben willst. Ja, es erfordert Flexibilität. Und Hingabe. Fokus. Vertrauen. Präsenz. Offenheit. Bereitschaft. Verlangen. Und Feuer. Du kannst Zuschauer, Beobachter, Unbeteiligter sein. Aber du kannst auch der Star deines eigenen Films sein. Es liegt an dir. Ich verspreche dir jedoch eines: Es ist DEIN Leben. Und du HAST in großem Umfang die Verantwortung dafür. Für deine Emotionen, deine Reaktionen, Handlungen und Schwingungen. Also … DU bist der Boss. Und es ist DEINE Show. So zu tun, als sei es anders, ist Illusion. Doch wenn du es weißt und danach lebst? MAGIE.

Letzten Sommer habe ich in dieser Hinsicht etwas Wichtiges gelernt. Ich war etwa sieben oder acht Mal im Naturpark in der Nähe meines Hauses und habe Libellen beobachtet. Schließlich hatte ich etwa vierzig Aufnahmen davon, wie sie auf mir landeten. Ich bat sie einfach immer wieder, telepathisch, aber auch laut, auf mir zu landen, damit ich tolle Fotos machen konnte. UND DAS TATEN SIE. Ich bat sie sogar, ihre Körper herzförmig auf mir anzuordnen. UND AUCH DAS TATEN SIE! Und ich machte Fotos und Videos und lernte dabei eine wichtige Lektion.

Sei bereit, deinen Flugweg schnell zu ändern.

Frag dich, was du WIRKLICH willst … und dann tritt zur Seite und schau zu, wie es kommt.

Kümmere dich nicht darum, was andere denken. (Das bedeutet jetzt nicht, dass du ein totales Arschloch werden sollst. Es bedeutet, dass du dir von der Meinung anderer nicht deine Richtung vorschreiben lässt.)

Wir sind alle miteinander verbunden, damit wir unseren Seelengefährten finden. Das ist unvermeidlich. Bleib einfach offen und bereit.

MAGIE ist so natürlich wie Atmen.

Das Leben belohnt jeden Fortschritt und jede Bewegung. Ob es nun kleine Schritte oder große Vertrauenssprünge sind. Hör nicht auf zu fragen, zu springen und zu vertrauen. Und mach jede Menge Fotos.

Die größte Komponente auf dem Weg vom Traum zur Realität ist Magie. Die Magie des göttlichen Wartens. Des Vertrauens. Der inspirierten Handlung. Kleine Schritte und Vertrauenssprünge und Rückschritte und Wiederholung. Alles ist Magie. Um sie greifbar zu machen, musst du sie nur laut und stolz aussprechen. Nicht Blut, Schweiß und Tränen lassen Träume wahr werden. Nein, mehr Lachen, sich mehr göttlichen Möglichkeiten öffnen, mehr spielen und nicht so viel darüber nachdenken, warum sie wohl nicht in Erfüllung gehen. Manchmal reicht es schon, einen Traum loszulassen, damit er durch einen besseren ersetzt werden kann. Ruf also die Göttin an und bitte sie, ihn zu erfüllen. Das wird sie. Das hat mich heidnischen Praktiken nichts zu tun … *Es ist eine Kraft in uns allen.*

Das weibliche Göttliche war nie weg

Die Göttin erscheint nicht nur als Inkarnation üppiger, sinnlicher Weichheit, Großzügigkeit und Lieblichkeit. Oder als kalte Marmorstatue mit der Fackel in der erhobenen Hand. Sie ist auch Blitz und Lava. Sie ist Donner und Erdbeben. Sie ist deine Nachbarin. Sie ist strahlend und liebevoll, drückt dich herunter und richtet dich auf und liebt Wahrheit und Schönheit. Sie wird dein Herz aufbrechen, damit Sonne, Mond und Sterne leichter hindurch fließen können. Sie ist nicht nur da, um tröstende Küsschen zu verteilen oder Egos zu streicheln. Sie ist hier, um uns zu verwandeln und uns zu lehren, in Anmut anzunehmen … und stolz auf unsere sanfte Kraft zu sein.

Sie lebt – in uns allen. Sie kennt ihre Weisheit, und sie tanzt sie. Sie sollte in allen ihren Formen geehrt werden. Sie ist »zurück«. Sie ist nicht auferstanden. Sie war nie weg. Sie war die kühle Hand auf einer heißen Fieberstirn. Die Hand, die das Essen umrührt und den Teig knetet. Der wilde Wille, der durch alle Glasdecken geht. Sie war die ganze Zeit in uns. Nicht schlafend, nicht brodelnd und feuerspuckend. Sie ist der Funke der Schöpfung. Und unsere süße Befreiung. Sie ist aufsässig und schwankend. Sie ist die schattennasse Verbindung zwischen gestern und heute, die mit jedem Atemzug geboren wird und mit jedem Seufzer stirbt. Sie ist keine Trophäe, sondern ein Preis. Nimm sie in Anspruch. Schäme und zähme sie nicht mehr. Diese wilde Freiheit lebt in dir. Hör in dich hinein. Und ruf sie nach Hause.

Das Klischee der verwundeten Mommy heilt jetzt überall in der Gesellschaft. Mütter werden im Allgemeinen ungerechtfertigt kritisiert. Häufig beruht die Kritik auf Archetypen, die tief verankert sind. Ganze Generationen von Müttern (oder jeder Frau, die den Vorwand mütterlicher Sorge benutzt) wollten immer recht haben. Diese Sicht des Lebens beruhte auf Angst. Sie hatten das Gefühl, sich verteidigen zu müssen, weil sie viele Jahrhunderte lang beherrscht oder verkrüppelt worden waren. Die Scham, »nur« Hausfrau und Mutter zu sein, war weit verbreitet, ebenso wie die Wut über die Ungerechtigkeit, die darin lag. Diese Frauen verließen sich oft übermäßig auf ihre Kinder als Therapeuten, Energiequellen für Selbstachtung und Spiegel der Eitelkeit. Die Kinder stärkten Moms Ego, wenn sie auf eine bestimmte Art aussahen, fühlten, dachten und sich benahmen. Nicht aus der Reihe tanzten. Deshalb haben viele von uns erst jetzt zu ihrer inneren Wahrheit, Stärke und Stimme gefunden. Und das hat uns in die Lage versetzt, klare Grenzen zu setzen. Wir müssen diese alten Rollen nicht mehr miteinander spielen. Sie haben ihren Zweck erfüllt und sind abgelaufen.

Es ist an der Zeit, dass Gaia unsere wichtigste Mutterfigur wird. Dass das Leben uns selbst nährt. Und wir müssen in gesundem Sinn alle erwachsen und reif werden. Schürzenbänder und Nabelschnüre durchschneiden. Märtyrer- und Opfer-Klischees vernichten. Unsere Verspieltheit, unsere tiefe Unschuld und unsere fröhliche Freiheit niemals aufgeben. Uns unsere Verantwortung und unsere Kraft zurückholen. Unserem rebellischen inneren Jugendlichen gestatten, Frieden zu finden. Das befreit auch die Mütter. Es durchbricht alte, matrilineare Zyklen der Angst und der Scham, von Schuldzuweisung und fehlender Verbindung. Statt Belastung und Verpflichtung werden Interaktionen zu Freude und gegenseitiger Ehrung. Und wenn das nicht möglich oder erwünscht ist, dann mache es einfach auf der Seelenebene und belass es bei einem gewissen Abstand.

Aber das Vorhandensein dieser inneren verwundeten Mutter und tiefer, aufrichtiger Vergebung muss jetzt auf einer breiten, kraftvollen Skala angeschaut und geheilt werden. Sie kommt von einer Identifizierung des mütterlichen Grolls auf allen Ebenen. Wichtigstes Beispiel: Es herrscht weitestgehend die falsche Auffassung, dass man sich um andere sorgen müsse, wenn man sich um sie kümmert. Nein. Gerade das verursacht unbewusst Schaden. Dadurch wird mehr Angst in das Energiefeld anderer projiziert. Es wird die Botschaft vermittelt, dass sie nicht nur für sich selbst sorgen können … sondern auch das Göttliche nicht für sie sorgt. Absurd. Achtung vor solchen Gedankengängen. Der beste Weg, sich um jemanden zu kümmern, ist der, ihn NIEMALS als hilflos, verletzlich, krank oder schwach zu sehen, sondern IMMER nur seine heilige, höchste Version als gut, stark, geliebt, sicher und ganz zu nähren und anzunehmen.

Wenn du dir Sorgen um jemanden machst, verstärkst du nur seine Schmerzen. Wenn du vertraust und weißt, dass alles sich so entwickelt, wie es muss, unterstützt du diesen Prozess. Das bedeutet nicht, dass du dich distanziert oder unbeteiligt verhalten sollst. Es bedeutet nicht Gleichgültigkeit oder Nichtstun, sondern vielmehr wahres und reines Mitgefühl. Es bedeutet, dass du aktiv aus dem VERTRAUEN heraus LIEBST. Das erfordert eine massive Bewusstseinsveränderung, aber es ist die wichtigste Veränderung, die wir als Menschen jemals durchlaufen werden. Und sie gibt uns auf unglaublich reale und greifbare Art Kraft und Auftrieb. Es ist Souveränität. Es ist Freiheit. Es ist, was Menschen als bedingungslose Liebe bezeichnen. Es ist Wahrheit.

Das Männliche (ein Energiebegriff, der nicht streng auf das Geschlecht bezogen ist) lernt, seinen Panzer abzulegen. Sein Herz zu öffnen und sich hinzugeben. Das Weibliche findet seine wahre Stimme. Es liegt nicht mehr still da. Es erhebt sich, spricht und sagt seine Wahrheit. Und das alles passiert auch in uns. Es ist eine unglaubliche, stärkende Zeit. Die Rüstung ist jetzt schwer. Die Stille noch schwerer. Schlaf nicht wieder ein.

Mama Gott

Wir alle haben einen Fuß im Grab und einen Flügel im Äther. Und wir krabbeln, fliegen, stolpern und rutschen, stürzen, stehen wieder auf in dem wilden Gefecht. Nicht, weil wir Krieger oder Mystiker sind, sondern weil wir menschliche Forscher sind, alle auf einem großen Abenteuer der Entdeckungen und des Vergessens, des Dogmas, der Freude und des Traums.

Wenn ich in der Natur sitze und ein Vogel schwirrt eine Weile um mich herum, dann genieße ich das nur und frage mich nicht, wie lange er wohl bei mir bleibt. Und wenn er dann wegfliegt, empfinde ich keinen Verlust und keine Verlassenheit. Ich habe nicht das Gefühl, als unwürdig für mehr gemeinsame Zeit beurteilt zu werden. Ich fühle mich in keiner Weise durch den Vogel beleidigt. Ich vermisse ihn nicht und wünsche mir nicht, dass er zurückkäme. Ich frage mich auch nicht, warum der Vogel nicht mehr mein »Freund« ist. Ich würde sehr gerne die Menschen so lieben. Mit voller Präsenz und tiefer Wertschätzung. Mit null Klammern. Ohne die Erwartung, zurückgewiesen oder akzeptiert zu werden. Ohne überzeugen oder verteidigen zu müssen. Ich weiß, dass das möglich ist. Ich hatte schon solche Verbindungen.

Es geht mir nicht um mangelnde Bindung oder Distanz. Das fühlt sich immer noch anstrengend an. Es geht vielmehr um TIEFES Eintauchen und liebendes Engagement. Es ist eine unglaubliche Art zu lieben und geliebt zu werden. Also werde ich von den Vögeln lernen. Wie man fliegt und landet. Wie man erforscht und aufsteigt. Wie man sich befreit und kommuniziert. Und wie man wahrhaft loslässt, wenn das Loslassen mich in größere Höhen und interessantere Tiefen ruft. Und die Natur ist mein Mama-

Gott. Sie nimmt mich in den Arm und wiegt mich. Sie kann launisch oder beständig sein, steht allerdings meistens über so kleinlichen menschlichen Begriffen.

GOTT ist (auch) eine FRAU. Kein alleinstehender Vater. Kein abwesender Vermieter. Kein strafender, Blitze schleudernder Wüterich. Kein bärtiger Weihnachtsmann, der seinen eigenen Sohn brutal ermordet/geopfert hat. Wenn dein Religions- oder Glaubenssystem die Gleichheit der göttlichen Macht des heiligen Weiblichen nicht anerkennt, dann ist es unvollständig. Gott ist eine Mutter, eine Schwester, eine Geliebte, eine Ehefrau, ein Vogel. Gott hat Brüste. Und eine Vagina. Flügel. Und Fühler. »Gott ist geschlechtsneutral?« Nein. Wir wurden nach ihrem/seinem Bild erschaffen. Wenn du also »sie« nicht in deiner Erwähnung des Ursprungs einbeziehst, dann verbreitest du Halbwahrheiten und nicht die wahre Liebe. Gott ist die Macht der integrierten Ganzheit. Gott will, dass wir alle auch an SIE denken, und zwar nicht nur in einem durchsichtigen, fließenden Kleid, mit Blumen im Haar, sondern voller Erde, Schlamm und Blut. Sie/Er ist in uns allen, und wir schütteln sie ab aus Angst, Scham und Ignoranz.

Jetzt nicht mehr. Es ist Zeit für eine Mutter liebende Wiedervereinigung. Es ist Zeit, sich an die HEILIG-ROHE himmlische und irdische Königinnen/Göttin zu erinnern und sich vor ihr zu verneigen, in ihre Umarmung zu sinken und ihr für die Sterne und den Mond, die Geburt und unsere Herzen zu danken. Ohne sie wären wir noch Lehm. Danke, Göttin … Danke, dass du wieder voll in unserer Erinnerung bist. Danke, dass du uns daran erinnerst, woher wir gekommen sind und wohin wir zurückkehren werden. Der Bauch alles Wissens. Die Anmut alles Seins. So ist es, und so wird es immer sein.

Gott blutet. Gott hat Orgasmen. Und schreit dabei. Gott hat Makel. Und das ist keine Blasphemie, sondern Alchemie.

Wir bewegen uns wirklich über die Begriffe des Patriarchats und des Matriarchats in eine völlig neue Mischform. Die Waagschalen sind ausbalanciert. Feminismus wird auch von vielen bewussten Männern akzeptiert. Wir verbrennen keine Büstenhalter mehr, sondern das Ego. Und es ist nicht GESCHLECHTSabhängig, es ist eine Energie-Revolution, die im Inneren stattfindet. Mama Gott hat uns einiges zu erzählen. Und endlich hören wir ihr zu.

Souveränität und Karma sitzen im Baum ... und küssen sich

Wenn das Karma, im weitesten Sinn definiert als universelles Ausgleichssystem, nach Hause kommt, um dort die nächsten Jahre zu logieren, und wenn die Verursacher aller Übel in der Welt zur Rechenschaft gezogen werden, können und müssen wir als evolutionäre Pioniere, Koryphäen, Visionäre, rebellische Krieger und Liebesboten etwas Wichtiges tun. Wir können tief verwurzelt in unserer Neutralität und unserem Mitgefühl bleiben. Wir können aktiv alle Racheschwingungen löschen und uns im Einheitsbewusstsein verankern, das sehr wohl weiß, dass aus den »Wir und die da«-Spielchen noch nie etwas Gutes entstanden ist.

Es wird verlockend sein, auf dem Grab der alten Welt zu tanzen, wenn »Gerechtigkeit« geübt wurde. Tu es nicht. Das wird alles nur noch begünstigen und in die Länge ziehen. Es wird das Chaos vergrößern. Und es zieht die Schwingungen auf ein ineffektives Level hinunter. Das gilt für jeden, auch wenn er uns persönlich angegriffen hat. Vergib und lass los. Du bist zu hundert Prozent persönlich verantwortlich. Such Harmonie. Souveränität bedeutet, sich daran zu erinnern, dass die Dualität niemals von Dauer sein sollte. Übernehmen wir volle Verantwortung für unsere gesamte Erfahrung: keine Schuldzuweisung … sondern sich auf sich selbst beziehen.

Und souveräne Wahrnehmung bedeutet, dass wir meistens wissen, wie schrecklich alle Trennungsprogramme sind. Die Opferrolle ist die ultimative Illusion. Um der Verwirrung entgegenzuwirken, musst du im Herzen bleiben. Du musst im *Jetzt* bleiben. Dort lebt und atmet, wirkt und fließt alle »wahre« Macht. Schuldzuweisungen binden uns nur weiter an den Schmerz. Unsere individuelle und kollektive Freiheit besteht darin, diese Fesseln abzustreifen. Liebe neutralisiert das Bedürfnis zu bestrafen, zu urteilen oder Rache zu nehmen. Unser Licht hat viele Jahrtausende stark und hell gestrahlt. Und *jetzt* ist es an der Zeit, einfach WEITER ZU LEUCHTEN. Lass dich nicht zurück in die düstere Angst ziehen. Bleib in deiner Weisheit, deinem Wissen. Nimm die Unsicherheit an, aber auch die intuitive Führung und die himmlische Inspiration. Bleib in deiner Wahrheit. Wisse, wer du bist. LIEBE WEITER. Und wenn du es vergisst? Keine Sorge, im täglichen Leben wirst du häufig daran erinnert. Nenn es Karma oder Dogma, Dharma oder Atma oder was auch immer. Ich bezeichne es gerne als Mojo und Wunder.

Multidimensional und vorsätzlich

Wenn du damit beginnst, über die lineare Zeit hinauszugehen, ist dir plötzlich viel stärker bewusst, dass du dich in einer Zeit befindest, die sich in alle Richtungen und Dimensionen erstreckt. Jeder Moment, den du jemals erlebt hast oder erleben wirst, läuft in der Gegenwart zusammen. Du brauchst dich also nicht in einem bestimmten Moment zu zwingen, in die Stille einzutauchen, um nur ja nichts zu verpassen, sondern alle deine Dus, die jemals existiert haben oder existieren werden, feiern ständig Party. Ganz schön toll. Das ist Integration. Wiedervereinigung. Erinnerungen und Träume existieren nebeneinander. Fragmente werden zusammengerufen.

Wenn deine Gedanken abschweifen, folge ihnen, um zu sehen, wohin sie dich führen wollen. Wenn dein Herz dich zu etwas hinzieht, erforsche es. In Einheit und Harmonie zu sein ist etwas Aktives, sich Entwickelndes und Schönes. Es ist dynamisch und magnetisch. Stille bedeutet nicht, dass du keinen Gedanken hast oder dich nicht bewegst. Es bedeutet, dass du dich wohlfühlst, wenn du multiple Realitäten auf einmal aushältst. Es bedeutet, du schwimmst, treibst, tanzt und plätscherst in dem Allen des Allen. Es ist kein Balanceakt. Ein »sollte« gibt es nicht. Es ist eine Einladung.

In der westlichen Philosophie geht es oft nur ums Tun. Und in der östlichen nur um das Sein. So definiert sich die Ganzheitslehre nicht. Sie trennt Geist und Ego nicht. Sie umfasst alles. Ein positiver Gedanke bedeutet nicht, dass du andere Gedanken als negativ beurteilst, leugnest oder etikettierst. Es bedeutet, du kannst die Energie aller Gedanken in Stille oder Aktion umwandeln, je nachdem, wie es gerade passt. Also atme. Hier geht es nicht darum, dass du eine spirituelle Disziplin meisterst oder tief in die Quantenphysik eintauchst. Es ist multidimensionales und bewusstes kosmisches Surfen. Es ist Spielzeit. Es ist dein Leben, dein Film … und es ist wundervoll.

Meinen Schatten zu integrieren und anzuerkennen und mein Licht bewusst heller strahlen zu lassen, bedeutet, dass ich ALLE meine Gefühle fühle, ohne auch nur EINES davon abzulehnen oder zu projizieren. Es ist eine ständige Liebesdisziplin und der einzige selbst-souveräne Weg zur Freiheit, den ich kenne. Es erfordert totale Hingabe. Mitgefühl und Geduld auch, aber vor allem große Zuverlässigkeit. Keine Entschuldigungen, keine Ausnahmen, keine Ausweichmanöver. Das lerne ich immer mehr. Es ist so schonungslos.

Ich bin noch weit davon entfernt, es zu meistern. Ich habe immer noch zahlreiche Schmutzecken. Aber ich bringe alles immer wieder ins Gleichgewicht, übernehme Verantwortung, richte neu aus, atme und lache. Lachen hilft definitiv. Vor allem in Zeiten, wo es eine Herausforderung sein kann, den Humor zu behalten.

» Nur Liebe.
Liebe braucht keine
anderen Etiketten. «

Teil 5

Sei dabei, tu dein Bestes, fühle alles

Wähle deine Jas, lerne, nein zu sagen

Wenn wir mit dem fragmentierten Verstand wahrnehmen, schieben wir das Leben weg. Wir reden von Nichts. Abwesenheit. Der Leere. »Es gibt kein Ich, kein Du, keine Welt.« Nein, nein, nein. Wenn unser Herz geheilt ist, erweitert sich unsere Seele ... Wir verlassen die falsche Leere der Trennung und des Herjagens hinter dem eigenen Schwanz und betreten die volle, lebendige, chaotische, perfekte Präsenz des Ganzen ... des Alles. Des ICH BIN. Einheit. Inklusivität. Abwesenheit, Präsenz, Mangel, Erfüllung, Verlangen, Zufriedenheit. Alles koexistiert in Harmonie. Annehmen und ablehnen tanzen zusammen. Jetzt. Und jetzt. Unsere Herzen schlagen Ja. Und Ja. Ja, ja. Und immer wieder ja.

Nach meinem Selbstmordversuch und der darauf folgenden Einweisung (ich habe das alles in *Lipsticks and Thongs in the Loony Bin: A Memoir* beschrieben) gab es einen Punkt auf meiner Reise, wo ich daran dachte, gegen die mächtige Pharmaindustrie zu Felde zu ziehen. Gegen psychische Erkrankungen. Gegen Selbstmord. Gegen Mobbing. Aber ich merkte schnell, dass »Nein!« mich nirgendwohin bringen würde. Erst als ich beschloss, *pro* Glück, *pro* Wohlfühlen, *pro* Ganzheit, *pro* mein bestes Leben, *pro* Liebe zu sein, gewann ich die unsichtbaren Kämpfe in meinem Kopf. Als ich merkte, dass es außerhalb von mir nie einen Feind gegeben hatte.

Das tut ein wahrer Liebeskrieger. Er hört auf, Kriege zu führen, die er nicht gewinnen kann. Er hört auf, Feinde zu erschaffen. Er beginnt zu kommunizieren. Sich anzufreunden. Zuzulassen. Zu akzeptieren. Der andere Weg ist nämlich langsame Folter und energetisch völlig ineffektiv. Auf diesem Weg bist du krank, traurig, ständig wütend, fühlst dich wie ein Opfer und steckst fest. Aber wenn du deinem JA folgst, den ganzen Weg nach INNEN, dann herrschen Friede, Leidenschaft, Ganzheit.

Viele Leute sagen, sie versuchen die ganze Zeit, »positiver« und »weniger negativ« zu sein. Das verstehe ich, weil ich selber so gedacht und gefühlt habe. *Aber wir sind keine Batterien, sondern Magneten.* Erst als ich aufhörte, mir Gedanken zu machen oder zu versuchen, meine Gedanken und Gefühle zu maßregeln und zu zwingen, wurde alles natürlicher. Und dann hörte ich auch auf, Gefühle, Situationen oder Menschen als negativ zu etikettieren oder Lebenserfahrungen als Drama zu sehen. Das war ein weiterer Schritt. Ich begann, liebevoller mit meinem Kummer umzugehen. Noch ein Schritt. Geduldiger mit meiner Wut zu sein. Noch ein Schritt. Mehr Verständnis für meine Vorurteile zu haben. Ein weiterer Schritt. Manchmal mache ich auch Rückschritte. Vergesse es. Rutsche aus. Das sind Prüfungen für mein Mitgefühl.

Ich bemühe mich nicht mehr so sehr um Positivität oder um die Vermeidung von Negativität. Am liebsten fühle ich mich gut. Ich weiß um die unvergleichliche Macht von bewusster Sprache und abgestimmter Intention. Um neue Ausrichtung. Um neue Balance. Aufmunterung. Inspiration. Verbindung auf tiefere Art. Aufrichtige Intimität. Also folge ich weiter der Energie. Ich vertraue weiter. Und stolpere. Und werde stärker und sanfter. Denn jetzt strebe ich nach Ganzheit. Und das ist wirklich sehr befreiend.

Ich kenne jetzt auch meine NEINs. Sie sind deutlich und klar. Ich rede niemandem mehr nach dem Mund, nur um zuzustimmen. (Ein souveräner Dienst ist anders … bedeutungsvoller Beitrag + kreativer Ausdruck = *win/win*-Szenarien).

NEIN zu intellektuellen Debatten (interessante Dialoge: JA).
NEIN zu Spielchen als »advocatus diaboli«.
NEIN zu Mobbing, von niemandem, aus keinem Grund; noch nicht einmal von mir selbst!
NEIN zu Hass (JA zu Liebe).
NEIN zu Zynismus (JA zu Optimismus und Enthusiasmus).

Es gibt noch einiges mehr, was ich aufführen könnte, aber auch das wäre nicht alles: Burnout, die Nachrichten, Gleichgültigkeit, Selbstgefälligkeit, andere mit gemeinen Namen belegen, Stilettos, die meisten Reality-TV-Sendungen … und nein zu Death Metal – ernsthaft, da bluten mir die Ohren.

Aber jetzt sorge ich dafür, dass meine Neins Ja-Gegenstücke haben … und ich richte meine Energien in diese Richtung.

Erkenne deine Weisheit an

In spirituellen Kreisen wird gerne gesagt, wir »wissen« nichts. Das ist BLÖDSINN. Ich finde, es ist die schlimmste Form von Arroganz, die es gibt. Als ob wir alle völlig unwissend und verloren herumirren würden. Nein. Das ist nicht so. Du weißt Dinge. Du weißt viele wundervolle Dinge, die sich zu unglaublichen, multiversalen Wahrheiten summieren. Schätze dein Wissen. Würdige es.

Es leugnet nicht das Geheimnis, sondern verstärkt es eher noch. Dein inneres Wissen zu leugnen, hat nichts mit Demut zu tun. Deine Verbindung zum Göttlichen brauchst du auch nicht klein zu machen oder wegzuwischen. Feiere deine Klarheit. Du bist Liebe, und Liebe ist auch dort, wo du hingehst. Sicher wird es Umwege geben. Ablenkungen. Dein Wissen wird sich vielleicht ändern, und auch das ist okay. Akzeptiere, dass das, was du weißt, mit dem Wissen anderer Leute aneinandergeraten kann. Das ist auch okay. Aber versteck dich nicht hinter der Doppeldeutigkeit von »Unsicherheit«. Du weißt, was du weißt. Und es ist okay, es zuzugeben. Lass dich nicht auf die Vorstellung ein, »Unsicherheit« sei erleuchteter oder befreiender. Und komm bloß nicht auf den Gedanken, »Wissen« sei nur verkleidete Illusion-Täuschung-Verwirrung. Das ist auch nur ein Vorurteil, eine patriarchalische Verzerrung und verletzte Leugnung.

Du weißt, wer du bist und wer du nicht bist. Du weißt, dass diese Essenz der Liebe in menschlicher Gestalt mehr ist als Identität, Etiketten, Programme oder Geschichten. Du weißt es. Denk daran. Lass dich wissen, was du weißt. Es wird trotzdem immer noch ein großes Geheimnis bleiben. Der Weg *ins* Jetzt führt durch das Herz. Der Weg *aus* dem Jetzt heraus führt über den Verstand.

Wir springen den ganzen Tag zwischen diesen Seelenzentren hin und her. Das müssen wir tun. Wir wissen immer besser, wie wir ein vom Herzen geführtes Leben annehmen, aber wir übersetzen Leben durch den höheren Verstand und durch unsere Sinne. Zwischen diesen Energien fließt die Energie mit Leichtigkeit hindurch und bekämpft uns nicht so sehr. Harmonie herrscht, wenn sie zusammenarbeiten.

Es ist nicht arrogant zuzugeben, dass du Dinge weißt. Und es ist nicht immer demütig zuzugeben, dass du nichts weißt. Neugierig und offen zu bleiben ist der Weg, dieses Wissen und Fragen zu navigieren. Du musst bereit sein, recht UND unrecht zu haben. Vor allem musst du GLÜCKLICH sein.

Ich hatte einmal eine spirituelle Mentorin. Sie stellte mir eine sehr provokative, verstörende, frustrierende Frage. Sie sagte: »Und, Courtney … Leidest du wirklich oder leidest du an deinem Leiden?«

Ich hatte keine Ahnung, was sie damit meinte, aber mehr sagte sie nicht. Ich brauchte Jahre, um sie zu verstehen. Ich glaube, sie fragte: »Wie sehr klammerst du dich an diese Version von dir selbst? Die Traurige Version. Die, die Leute wegstößt. Die, die sich selbst hasst. Bist du bereit zu FÜHLEN, was sich hinter der Geschichte befindet, damit du frei wie ein Vogel fliegen kannst? Oder übst du diese Geschichte immer wieder, damit du rechtfertigen kannst, dass du dein Leben nicht akzeptierst oder änderst?«

Harte Frage. Große Frage. Sie war vermutlich ein Genie, ein Meister, ein Guru, ein Orakel, eine Schamanin, eine Hexe … ODER sie hat es in einem Glückskeks gelesen. Auf jeden Fall erinnere ich mich manchmal noch an die Frage. Und zuerst macht sie mich immer unruhig. Aber dann kann ich auf einmal tiefer atmen und lasse die Vogelgefühle flattern. Ich wusste nämlich, was sie gemeint hat. Ich *wusste* es einfach. Ich war zutiefst demütig.

Die beste Definition, die ich jemals von Demut gehört habe, ist, ganz weich, offen und erreichbar für ALLE deine Gefühle zu sein. Für alle. Emotionen sind das GPS der Liebe. Es ist ziemlich hochmütig, herumzulaufen und demütig sein zu wollen oder anderen Leuten zu erzählen, sie sollten demütig sein, mehr Mitgefühl haben oder liebevoller sein. Das ist wirklich die Höhe beschämender Arroganz, wenn du versuchst, Emotionen zu managen oder zu verbessern, ohne sie wirklich zu FÜHLEN. Unsere Gefühle sind heilig. Alle. Es gibt kein einziges, das hässlich, schlecht, schmutzig oder beschämend ist. Wenn du sie ablehnst oder unterdrückst, wirst du krank. Sie zu fühlen und auszudrücken (auf sichere Weise) hält dich gesund. Sie auf andere zu projizieren, verursacht Chaos. Das passiert so lange, bis wir uns einverstanden erklären, demütig unseren EIGENEN Emotionen gegenüber zu sein.

Bereit sein zu fühlen heißt, aus dem Leiden herauszugehen in den gesamten Bereich der Gefühle und der Informationen, die sie enthalten. Solange wir das nicht tun, sind wir unbewusste Sklaven. Wenn wir damit anfangen, werden wir frei.

Gib deinem Monkey Mind eine Banane

Versuch nicht, den Verstand ruhigzustellen. Oder ihn zu kontrollieren. Ihn zu beurteilen. Ihn zu unterdrücken oder zu bedrängen. Davor wegzulaufen. Ihn anzubeten. Lass ihn einfach so sein, wie er ist ... wild und frei ... ungezähmt und verrückt. Erst dann kann wahre Stille eintreten. Mühelos. Selig. Wenn du alle Kontrolle aufgibst und dich deiner animalischen, ursprünglichen Natur ergibst, sind göttliche Befreiung und komplette Ganzheit das Resultat. Wogegen du kämpfst, bleibt. Was du beurteilst, sperrt dich ein.

Wenn du glaubst, Gott wolle, dass du dich selbst reinigst, deine Menschlichkeit leugnest oder dich (oder jemand anderen) bestrafst ... dann hörst du auf die Teile deines Verstands, die noch in Angst leben. Du lässt alte, überholte, von Viren durchsetzte Programme ablaufen. Einheit und Einssein bedeuten nicht, dass wir unsere Individualität unterdrücken sollen. Ganz im Gegenteil. Wir feiern sie. Tanzen in ihr. Solange du von einer Wolke auf die Welt hinunterschaust, wirst du dir immer im Weg sein. Es hat aber auch niemand gesagt, dass du im Schlamm versinken sollst. Du sollst fliegen und landen lernen. Hoch in die Lüfte aufsteigen und schweben. Du kannst dich nicht immer verstecken. Die Liebe sucht uns alle. Und am Ende findet sie uns auch. Sie wird auch dich eines Tages finden. Da kannst du sicher sein. Sei vorbereitet.

Der beste Weg nach Hause führt über das Herz. Der Körper ist der Tempel, das Gefährt, das Haus. Und Körper und Geist müssen gleichermaßen geehrt werden, sonst entsteht ein großes Ungleichgewicht. Die Seele zersplittert und wird verzerrt. Statt himmlischer Kanäle werden wir zu Organisationsportalen. Du musst wissen, wie du dich verbinden und diese Verbindung aufrechterhalten kannst. Lauf auf deiner eigenen Frequenz. Stell das Rauschen ab. Lerne Empfindung. Lerne Engagement. Lerne Eintauchen. Erinnere dich immer wieder. Lass deine Gedanken schweifen. Das Herz hat alle Schlüssel.

Wahres Mitgefühl bedeutet, die Welt so zu lieben, wie sie wirklich ist. Ganz von ihr inspiriert zu sein, sie zu lieben und zu schätzen. ALLES. Versuche nicht, ständig darauf hinzuweisen, was alles schlecht, falsch, kaputt oder mangelhaft ist. Das ist egoistisch. Und naiv. Und beschränkt. Zynismus ist ein schlechter Witz. Du lebst in einem großartigen Wunder, das man Körper nennt, in einem lächerlich komplexen und wundervollen System, das man Planet nennt. Und dieser Planet befindet sich in einer kosmogasmischen, fantasmagorischen, sich ständig weiter ausdehnenden Galaxie. Und so weiter und so weiter … Und du redest von GVO (Genetisch Veränderten Organismen) oder Erdbeben. Waffen. Kriegen. Fluoriden. Das geht völlig am Thema vorbei, liebe Seele. Geh zum Spiegel. Geh dorthin. *Jetzt.* Siehst du diese Wimper? Diese Sommersprosse? Du bist ein absolutes WUNDER. Jammere weniger. Liebe mehr. #wachaufwachauf #wirhabeneskapiert #chillout

Leben. Wann wurde aus dem Frühstücksmüsli ein Hindernislauf? Wann haben wir aufgehört, Sandkuchen zu backen, und angefangen, mit Dreck zu werfen? Die Maulhelden und Zöpfezieher scheinen keinen anderen Weg zu kennen. Sie glauben, durch Beleidigungen Aufmerksamkeit erlangen zu können. Aber es sind nicht sie, die wir letztlich tief lieben und bei denen wir uns sicher und geborgen fühlen. Nicht wirklich. Nicht diejenigen, die dich hinunterziehen oder dir erzählen wollen, was du alles falsch machst, sondern es sind diejenigen, die dich immer weiter als ganze Person sehen. Die dich nicht auf ein Podest stellen. Nicht kleinmachen, sondern einfach dein ganzes Spektrum sehen. Das sind diejenigen, bei denen sich unsere Herzen wirklich am sichersten fühlen. Das sind diejenigen, mit denen wir glücklich sein können. Das ist die wahre, dauerhafte Liebe, in der wir geborgen sind.

Irgendwann wird dir klar, dass alle Verbündeten und Gegner eigentlich in deinem Kopf leben. Und du beginnst, den Verbündeten mehr zuzuhören.

Nimm es nicht nur passiv an, akzeptiere es und liebe es. Geh nicht einfach »nur so« durch das Leben. Hinterlasse eine Spur der Liebe. Hinterlasse deine Markierung. Es kann ein Flüstern sein. Ein rebellischer Schrei. Ein Seufzen. Ein Wimmern. Ein Gemälde. Ein Lied. Ein Gedicht. Ein Kind. Eine Bewegung. Alles oder nichts davon und so viel mehr. Aber hör auf, das, was vor dir steht, nur zu tolerieren und anzunehmen. Hör auf, dich mit Krümeln zufriedenzugeben, wenn du die ganze Bäckerei bist.

Misch die Karten immer weiter. Vermische obskure Metaphern. Zitiere merkwürdige uralte tote Leute, erzähle kraftgebende Anekdoten von heute, hör auf die Orakel und modernen Mystiker und vor allem auf dein eigenes Herz. Und schmunzele über das Verschieben der Welt und die Sichtung von Wahrheiten.

Halt dich an das, was am erhebendsten und am bodenständigsten ist. Finde und erschaffe deine eigene Stimme und deinen eigenen Song. Du mischst die Karten. Du bist der Spieler. Du bist das Kartenspiel. Du bist die Musik und der Text, die Melodie und die Harmonie. Die Stille und der Donner. Genieße alles.

Fühle alles

Irgendwann haben wir gelernt, nicht mehr zu fühlen. Etwas Lächerlicheres gibt es nicht. Nichts Gefährlicheres. Absolut nichts Schädlicheres. Wir wurden begierige Philosophen und Denker und versuchten verzweifelt, nicht zu FÜHLEN. Wir verstrickten uns in Debatten. Wir lasen uralte, staubtrockene und herzensrostige heilige Bücher. Wir zitierten kluge tote Leute. Wir aßen und tranken, nahmen Drogen und Medikamente, kauften ein und fickten uns durch unsere Gefühle. Bei besonderen Gelegenheiten ließen wir sie aus dem Käfig. Wir vergaßen die Kunst wahrer Intimität. Den Tanz realer Verbindung. Wie wir mit ganzer Seele Liebe machen konnten. Wir hatten schreckliche Angst davor, als verrückt, als außer Kontrolle oder intellektuell minderwertig angesehen zu werden. Wir umhüllten spirituelle Lehren mit »Wag nicht zu fühlen, oder wenn doch … gib es nicht zu«. Das ist die größte und niederträchtigste Tragödie unserer Zeit. Aber dann … kam die Transparenz. Indigo-Krieger kamen und sagten radikal die Wahrheit. Und bei Therapien ging es nicht mehr nur um psychologische Themen, sondern auch um ganzheitliche und energetische Ansätze. Wir befinden uns immer noch in dieser Veränderungsphase. Sind immer noch neu darin. Und Gefühle? Ich schwöre es bei all diesen verdammten Büchern, heilig oder nicht … Sie sind der EINZIGE Weg zu totaler Freiheit. Der einzige, wirkliche, dauerhafte und tiefe Weg.

Emotionale Achtsamkeit ist ein riesiger Teil unseres evolutionären Bewusstseinssprungs nach vorne. Wenn wir nicht wissen, wie oder warum wir fühlen … dann bleiben wir stecken und unsere Räder drehen sich im Schlamm des Verstandes, und wir laufen vor uns und anderen davon. Aber wenn wir alle Teile von uns akzeptieren und integrieren, können wir beginnen, ein erfüllteres Leben zu führen. Ein ganzheitliches Leben. Wir können sogar in unserer Angst und unserem Kummer Freude finden. Wir können Frieden in unserer Wut finden. Denn wenn wir die Tatsache akzeptieren und zu feiern beginnen, dass wir FÜHLENDE Wesen sind, dann wird sich die Welt auf wundersame Weise ändern. Krankheiten werden weniger. Wohlstand fließt. Intimität blüht. Die Gemeinschaft wird uns nicht mehr aussaugen, sondern nähren. Die Neinsager und die Jasager werden tiefe, neue Level von Liebe und Gemeinschaft erlernen. Und das ist keine utopische oder märchenhafte Version dessen, worauf wir zusteuern, sondern es ist das, was wir wirklich sind: Jetztologen. Gegenwartspioniere von wundersamer Ganzheit. Liebeskoryphäen.

Statt der Realität gegenüberzustehen, erschaffen wir sie. Das geschieht, wenn wir beginnen, unsere Emotionen anzuschauen, zu fühlen und auszudrücken. Zuerst fühlt es sich vielleicht merkwürdig an. Aber das ist okay. Wir sind ja schließlich neu darin. Also sei offen und bereit, umzulernen und dich auf einem ganz neuen Seinsweg zu bewegen. Wird er ordentlich und aufgeräumt sein? Hübsch und perfekt? NEIN. Wird er denn transzendent, Freude inspirierend und ungeheuer stärkend sein? JA.

Lass es krachen oder geh nach Hause

Leute, die sich groß vorkommen, und seien wir ehrlich, heutzutage tun das fast alle, müssen sich sicher fühlen, um sich groß fühlen zu können. Um mit Partnern und Freunden zusammen sein zu können, die dem Leben und der Liebe verpflichtet sind. Und um transparent und emotional gesund zu sein.

Spiel nicht das Spiel, dass das Gras auf der anderen Seite grüner ist. Sei der Einzige. Sei der Haupttanzpartner. Sei die erste, letzte und einzige Wahl. Sei derjenige, den der andere nicht aus dem Kopf und aus dem Herzen kriegt, auch wenn er es noch so sehr versucht. Sei derjenige, der so tief in seine Seele eingewoben ist, dass er Himmel und Hölle in Bewegung setzen muss, um mit dir zusammen sein zu können. Alles andere ist unerträglich und unvorstellbar. Wenn du das nicht bist, ist es keine echte Liebe. Dann ist es ein Versteckspiel von Herzen und Verstand. Es ist das Lecken alter Wunden. Es ist das Warten darauf, abgeholt zu werden. Spiel nicht. Dazu bist du viel zu viel wert. Dein Herz ist kein Spielstein auf dem Liebesbrett des anderen. Wähle und werde gewählt. Mit jedem Atemzug. Oder geh weg. So einfach ist es tatsächlich.

Mit deiner Angst vor Veränderung kannst du es kompliziert machen. Du kannst auch eine Million Ausreden finden. Das tust du wahrscheinlich auch, bis du ganz wach bist und feststellst, was du wirklich verdienst. Spiel ein neues Spiel. Erzähl die neue Geschichte, wie du lieben und geliebt werden willst. Gib dich nicht mit Krümeln oder Resten zufrieden. Sei Sonne, Mond und kosmische Geliebte. Alles andere tut so weh, weil es nicht im Einklang mit deinem inneren Wissensfunken ist. Wenn du dich emotional zurückhältst, gerätst du an Leute, die sich auch zurückhalten. Wenn du jedoch alles gibst, begegnest du Leuten, die ebenfalls dazu bereit sind. Es ist das Risiko wert, aber das Risiko, stecken zu bleiben, lohnt sich nicht. Daraus entsteht nur Reue. Also spiel mit. Spiel von ganzem Herzen. Und hör auf, Lebenskraft mit Sesselpupsern und Zaunhockern zu vergeuden. Finde den Einen, der bereit ist, dich von Herzen zu lieben. Und wisse und vertraue darauf, dass du das haben kannst. Dass du das sein kannst.

Es ist naiv zu glauben, etwas anderes könne dich jemals befriedigen oder erfüllen. Nein. Niemand ist perfekt. Aber jemand ist perfekt für dich. Du weißt das mit jeder Zelle deines Seins. Also erhebe Anspruch darauf. Und dann lebe es aus mit allem, was du hast. Mit *allem*.

Wenn du ein Kind auf frischer Tat mit der Hand in der Keksdose erwischst, lügt es dir trotzdem ins Gesicht. Es fürchtet Bestrafung. Also lügt es. Wenn du einen Erwachsenen bei etwas Schlechtem ertappst und ihn darauf ansprichst, macht er genau das Gleiche. Er wird eher lügen, als zuzugeben: »Ja, ich wollte unbedingt ein Plätzchen. Ich habe es heimlich gemacht, weil ich dachte, du nimmst es mir weg, wenn ich es zugebe.« Na ja, wirklich, viel Aufwand für ein Plätzchen. Ich meine ja nur.

Frauen machen das häufig. Sie geben sich zufrieden. Sie verstecken sich. Sie finden Ausreden. Und wir tragen alle einen Koffer voller Etiketten mit uns herum. Nette Mädchen. Brave Mädchen. Böse Mädchen. Schlampige Mädchen. Dominas. Nutten. Ehefrauen. Schwestertypen. Ich bin das wirklich leid, dieses Aufteilen von Frauen (oder Männern) in spezifische Rollen. »Mit dir hätte ich gerne eine platonische Beziehung … mit dir hätte ich gerne Sex. Mit dir würde ich gerne ein intellektuelles Gespräch führen.« Was zum Teufel soll das? Das zerteilt uns alle in Einzelteile. Und wir suchen uns einen Wolf. Und irgendwann wussten wir nicht mehr, dass wir alles in EINEM EINZIGEN Partner haben konnten. Einem heiligen *Freund/Liebhaber*. Wir haben uns begnügt, aber ich will das nicht. Entweder bekomme ich alles, oder du kannst nach Hause gehen. Ich lasse mich nicht mit deinen halben Angeboten abspeisen, auch wenn sie verkleidet sind in kuscheliges Einssein. Ich will ALLES von dir. Und ich zeige dir auch ALLES von mir. Ansonsten verstecken und begnügen wir uns nur. Wir machen uns etwas vor und belügen uns. Und es ist großartig zu sehen, wie Frauen und Männer diese alten Halbheiten ablehnen und Ganzheit und Fülle verlangen. Aber nicht Perfektionismus. Das ist ein feiner Unterschied.

Gib dein Bestes, vergiss den Rest

Indem ich Perfektionismus aufgegeben habe, habe ich kürzlich Folgendes gelernt: Wenn du immer angespannt nach intellektuellen, spirituellen oder emotionalen Schlachten oder Debatten suchst und dich leicht beleidigen lässt, ziehst du auch überall Beleidigungen an. Wenn du dich jedoch stattdessen daran erinnerst, dass jeder immer nur sein Bestes gibt, auch wenn es dir in diesem Moment unvollkommen erscheinen mag, und dass wir es im Grunde genommen alle nur gut meinen, obwohl wir uns manchmal so durchlavieren, dann wirst du einen Frieden empfinden, der nicht erschüttert werden kann.

Niemand versucht wirklich, dich anzumachen, zu verurteilen oder zurückzuweisen. Dazu sind alle viel zu sehr mit sich selber beschäftigt. Mitgefühl für sich selbst und andere bedeutet, sich nicht von jeder Kleinigkeit aus der Fassung bringen zu lassen. Das Leben ist viel zu groß, um es so klein zu leben. Alles ist persönlich, wenn du eine Person bist. Aber nicht alles ist wichtig. Also guckst du es dir an, reagierst und lernst, dich nicht selbst fertigzumachen, indem du alles persönlich nimmst. Und das befreit dich jedes Mal ein bisschen mehr. Und du findest einen Ort, der nicht zwangsläufig immer emotional neutral oder apathisch ist. Aber er ist stiller und ruhiger. Es gibt weniger Drama, hauptsächlich deshalb, weil du aufhörst, das Leben als Drama zu bezeichnen. Es sind nur Leute, die ihr Bestes geben.

Also können wir über Liebe und die Überwindung von Perfektionismus und entspannter Gelassenheit nicht reden, ohne uns anzusehen, was individuell und global für Frauen und für das heilige Weibliche passiert. Ob es eine Fußball-Mom ist, die Pole Dancing lernt, oder ein Teenager aus dem Mittleren Osten, der erschossen wird, weil er zur Schule gehen will, die Zeiten ändern sich: Es gibt mehr Vertrauen, mehr Transparenz und Authentizität. Und es macht Spaß zuzusehen, wie die Welt erwachsen wird.

» *Das tut ein wahrer Liebeskrieger. Er beginnt zu kommunizieren. Sich anzufreunden. Zuzulassen. Zu akzeptieren.* «

Teil 6

Erinnere dich wieder

Spiritualität ist organisch und angeboren

Nichts in deinem Leben ist nicht »spirituell«. Nichts. Du BIST Geist … in einem Körper aus Fleisch und Knochen. Es geht nicht darum, wie oft du meditierst, masturbierst oder Philosophien von dir gibst, deinen Panzer oder dein Ego fallenlässt, wie du liebst, die Wahrheit sagst, Mitgefühl oder Freundlichkeit zeigst, oder um irgendetwas, was dich deiner Meinung nach mehr oder weniger spirituell macht. Es sind deine Wimpern. Deine Zehennägel. Jeder Gedanke und jede Angst von dir. Du kannst es nicht in Kategorien einordnen, etikettieren, trennen oder beurteilen. Ob du glaubst, ein spirituelles Wesen zu sein, das eine menschliche Erfahrung macht, oder umgekehrt, spielt keine Rolle. Das sind nur Wörter und Wortspiele. Das ganze Leben ist spirituell. Jeder Atemzug. Jeder Seufzer. Jedes Wimmern. Jedes Flüstern. Jeder Freudenschrei. Jeder Pups. Alles. Das volle Spektrum. Ein Erwachen, in dem es nicht um Ablegen oder Vergessen geht, sondern um Erinnern und Einladen.

Größe kommt von Dankbarkeit für alles Leben. Für jeden Teil des Lebens. Sie wird nicht erreicht, sondern ist angeboren. Sie steht nicht nur wenigen Auserwählten zu, sondern ist sozusagen dein Geburtsrecht. Dankbar für unsere Größe zu sein, den Funken der Größe in anderen zu entzünden. Ja, wir sind alle Teil davon, aber wir gehen auch allein. Ist Liebe nicht großartig? Ja. Das jetzt. Und das. Meine Größe. Deine. Unsere. Lasst uns danach leben. Lasst uns heraustreten aus unseren selbstgemachten Fesseln, Käfigen, Verstecken, Masken und Grenzen. Wir sind nicht angetreten, um klein zu sein. Um sicher zu lieben. Wir sind angetreten, um GROSS zu sein.

Das ganze Spektrum zu leben bedeutet, dass wir nicht unsere Göttlichkeit glorifizieren und versuchen, unsere Menschlichkeit herunterzuspielen. Wir lassen alles von uns – das Nette und Glänzende wie das Hässliche und Schmutzige – sehen, halten, wissen. Wir beurteilen unsere Urteile nicht. Wir versuchen nicht, abfällige Bemerkungen zu unterdrücken oder unseren Funken abzuschwächen. Wir nehmen einfach nur Notiz. Du kannst nur voll lieben, wenn du voll zulässt. Du kannst dich erst entwickeln oder wachsen, wenn du deine hässliche Seite als genauso wertvoll ansiehst wie deine glänzende, heilig-schöne Seite. Es ist alles aus einem Grund da. Und es ist alles liebenswert. Liebe ALLES.

Spirituelle Perfektion ist langweilig.

Bei Spiritualität geht es meiner Meinung nach nicht um Reinigen oder Verändern, sondern um Integrieren. Ich glaube, es ist noch nicht einmal mehr sinnvoll, sie in westliche und östliche Spiritualität aufzuteilen, um sie zu erklären. Ich weiß nicht, ich kann mit östlichen Philosophien genauso wenig anfangen wie mit Bibeltexten. Für mich klingt das alles (abgesehen vielleicht von Rumi und Hafiz) wie prätentiöse, sexlose, roboterhafte und predigende Glückskekse, eingepackt in Höllenfeuer, Angst, Schuld und Scham. Ich ziehe zeitgenössische Stimmen mit frischem Ansatz vor. Transparenz und Relevanz sind angesagt. Arrogante, überholte Philosophie … die in jeder Hinsicht fest in männlicher Hand ist … langweilt mich mittlerweile zu Tränen. Ich bin nicht interessant an uralten, immer wieder neu verpackten Illusionen. Lasst uns neue Geschichten schreiben. Herzensstories. Zusammen.

Ich finde es echt aufregend, eine bessere Welt heraufzubeschwören, während ich die, in der wir leben, immer noch liebe. Ich bin gerne eine Person mit vielen Facetten, die den Wert vieler Wege und Reisen sehen kann … jedoch auch ihre eigenen Grenzen kennt und einen Sinn für individuelle Gerechtigkeit hat. Ich liebe es, meine Präferenzen und meine Aversionen zu kennen. Ich liebe es, dass ich viel Energie habe und wilde Meinungen äußere, die Herzen entzünden und den Verstand einladen, auf unterschiedliche Arten zu denken. Ich liebe es, in manchen Dingen eigensinnig und besserwisserisch zu sein und in anderen außerordentlich flexibel und offen. Ich liebe die Paradoxe und scheinbaren Widersprüche, die ich Tag für Tag erlebe, weil ich ein Mensch bin. Ich liebe es, dass ich intuitiv weiß, was bei mir in intimen Beziehungen funktioniert und was nicht. Das ist so ein leidenschaftlicher, friedlicher, sich ständig entwickelnder Weg von Achtsamkeit und Entdeckung.

Ich liebe es, dass der Prozess der Eliminierung auch ein Prozess der Inklusion sein kann. Ich liebe es, meinen Wert zu kennen, die wundervolle Kraft und die unvergleichliche Freiheitsfreude, die daher rührt, dass ich ganz ich selbst bin. Ich liebe meinen inneren Richter, meinen Lehrer, Kritiker, Cheerleader, meine verrückte Person, mein zärtliches Kind und meine starke Kriegerin. Ich liebe es, dass meine Schönheit daher rührt, dass ich auch meinen Schattenglanz nicht verstecke. Ich liebe es zu wissen, dass die, die alles an mir lieben, auch alles von mir bekommen. Und die, die es nicht tun, bekommen auch nichts. Und ich liebe es zu wissen, dass das mehr als okay ist. Es ist einfach perfekt.

Leidenschaften und Abneigungen

Ich wette, die meisten Menschen kennen weder ihre echten Leidenschaften noch ihre Aversionen. Wenn sie gefragt werden: »Was willst du wirklich?«, antworten viele: »Ich weiß es nicht.« Oder sie sagen, »einfach nur glücklich sein/ im Frieden leben«. Oder auch: »Ich möchte mich finanziell nicht mehr so abstrampeln müssen.« Okay. Ja. Aber was möchtest du wirklich gerne tun? Was ist für dich mehr Leidenschaft als Hobby? Bei welchen Aktivitäten vergisst du Raum und Zeit, wenn du mit ihnen beschäftigt bist? Das ist dein Saft. Das ist die Quelle deiner Lebenskraft. Und wenn du aufhörst, sie zu tun, wenn du sie beiseite schiebst, leidest du. Und du sagst: »Ich habe keine Zeit/kein Geld dafür.« Und deine Seele weint. Schaff dir Zeit. Besorg dir Geld. Investiere in dein eigenes Glück. Und mach es zu deiner

Priorität herauszufinden, was zu deinem Glück beiträgt. Und lass los, was nicht dazu beiträgt.

Wir sind multidimensionale, unendliche und ewige Wesen. Wir sind nicht »Ego« und »Seele«. Dieser Filter ist so eingeschränkt, so langweilig und überholt. Wir sind so viel mehr. So viel MEHR. Du musst die lineare Zeit als einengendes Konstrukt überwinden. Du wirst immer noch Termine haben, und die Sonne wird immer noch auf- und untergehen. Aber du wirst dich erinnern, dass du im Schlaf Astralreisen gemacht hast, und du wirst galaktische und himmlische Weisheit in der Geschwindigkeit der Liebe integrieren. Wenn du erst einmal den Intellekt, seine schäbigen Machenschaften und seine dummen Berechnungen nur als Computer(tool) benutzt, und DU dein eigener Bewusstseinsprogrammierer wirst, expandiert die Welt beträchtlich. Deine Intuition ist der Schlüssel, der den Kosmos aufschließt. Wenn Magie die Logik überwindet, ist die Welt wieder heil. Unser Gedächtnis ist wiederhergestellt und auf das Kernbewusstsein eingestellt, das es immer ganz war … Wir hatten es nur vergessen.

Mehr Witze, weniger Anstrengungen

Die alltägliche Spiritualität ist in unser »gewöhnliches« Leben eingewoben. Meine Zimmergenossin und ich haben kürzlich über diese Konzepte gesprochen. Ich habe nicht die buddhistische Sicht, dass du deinen Kopf leeren musst und dass »Stille der Weg zu innerem Frieden ist«. Und dieses intellektuelle Zombie-Wort »Bewusstsein« macht mich ganz krank. Es ist so vage, roboterhaft und nichtssagend und statt zu vereinen, baut es noch mehr Mauern auf.

Ich habe eine multidimensionale Sicht. Für mich ist lineare Zeit eine Illusion. Wenn ich voll präsent bin, bringe ich mich voll und ganz in den Moment ein. Vergangenheit, Gegenwart, Zukunft und Mögliches. Kosmisches, Galaktisches, Himmlisches. Individuelles und Kollektives. Mystisches und Greifbares. Ich verwebe die Zeit und springe durch die Dimensionen. Voll präsent zu sein bedeutet nicht, dass du eine Tingsha anschlägst und in angespanntem Schweigen auf einem unbequemen Kissen sitzt. Es bedeutet, dass du alle deine Teile nach Hause holst. Du integrierst. Du tauchst ein. Du engagierst. Ob ich laut in meinem Auto einen Song im Radio mitsinge, Bahnen schwimme oder durch frisch gefallenen Schnee im Wald spazieren gehe, ich kann immer leidenschaftlich präsent sein. Was vielleicht wie Ablenkung aussieht, ist nur, in einer anderen Version der Realität präsent zu sein. In einer anderen Tiefe sensorischer Wahrnehmung.

Lasst uns Vitalität und Frieden am gleichen Ort zusammenbringen. Lasst uns mehr Witze machen und weniger Anstrengungen. Es gibt die stereotype Rolle und das Erscheinungsbild einer »spirituellen Person«, was – seien wir doch ehrlich – ziemlich anstrengend sein kann. Die New-Age-Uniformen, Pseudonyme und diese Ego-Sprache. Iiih. Unnötig. Lächerlich. Es gibt unzählige Möglichkeiten, wie wir uns im Alltag mit dem Geist verbinden können. Ohne Glocken und Flöten. Ganz natürlich.

Sei frei und verspielt. Sei das ganze Spektrum. Wenn du durch Yoga dahin gelangst, toll. Wenn dich eine Umarmung und blöde You-Tube-Videos dahin bringen, cool. Es ist in traumschönen Sonnenuntergängen und sternenklaren Nächten und auch mitten in den heftigsten Stürmen. Es ist in anspruchslosen Fernsehsendungen und in Junk Food. Streng dich nicht so an, präsent, bewusst, frei von Illusionen oder wach zu sein. Sei einfach DU. Alles von dir. Die ganze Zeit. Jeden Tag.

Integrieren, um zu befreien

Das verzerrte Maskuline hat eine riesige Wunde in der Welt hinterlassen. Das missachtete Weibliche hat eine noch tiefere Wunde in uns allen hinterlassen. Wir können diese tiefen globalen Wunden heilen, wenn wir diese Energien in uns integrieren und die höchsten Versionen davon ANNEHMEN und AUSSTRAHLEN. Wenn wir uns vom intellektuellen Wettbewerb oder Einzelkampf zu gegenseitiger Kooperation und Co-Kreation bewegen. Das ist so neu, dass wir noch nicht einmal wissen, wie es aussieht oder sich anfühlt. Wir haben bisher lediglich kurze Momentaufnahmen gesehen.

Es ist wundervoll, Leuten zu begegnen, die das wirklich verstehen. Es ist so, als würdest du plötzlich nicht mehr energetisch angegriffen, belehrt, beurteilt, gelobt, fälschlich gepriesen oder abgewertet, in eine auf Logik basierende Diskussion oder emotionale Manipulation gezogen.

Stattdessen kannst du dich entspannen, du kannst vertrauen und in deiner Ganzheit und Fülle durchatmen. Dich darin ausruhen. Es ist wirklich köstlich. Bewusstsein auf einem GANZ neuen Level. Selten und speziell. Kein Zerren und Drängen. Kein Schuldgefühl oder Vorwurf. Kein fauler Zauber. Einfach nur Präsenz und Gemeinschaft. Wärme und Aufrichtigkeit. Integrität und Ehre. Das ist unser Streben als Spezies. Verschwunden sind die Probleme, die wir auf die Menschen in unserem Leben projiziert haben. Niemand wird mehr gedisst oder mit Vorwürfen überzogen. Solange du noch an solchen Verhaltensweisen festhältst, kommst du nicht in diese Schwingung. Aber es lohnt sich so sehr und fühlt sich so gut an, dass du diese neuen Beziehungsfähigkeiten unbedingt annehmen willst.

Wachstum durch Konkurrenz und Kampf ist so populär, dass viele Leute vergessen haben, wie man in Leichtigkeit und Harmonie wächst. Herausforderungen, Leiden und Kampf sind so breit akzeptiert und überglorifiziert, dass sie sich wie Krebs in das gesellschaftliche Denken eingeschlichen haben. »Je härter ich kämpfe, desto mehr habe ich göttliche Liebe und irdische Belohnung verdient«, ist die falsche Prämisse. Sie ist schädlich und ein solcher Irrtum. Wenn du das Überwinden des Schmerzes als Hauptweg zu Wahrheit, Freiheit, Ausgeglichenheit, Integration, Gesundheit oder Glück ansiehst, dann ziehst du immer weiter Erfahrungen an, die dieses unbewusste Programm unterstützen. Wenn dir hingegen klar wird, dass du mit Leichtigkeit genauso großartig wachsen kannst und dass du echtes Behagen und spirituellen und irdischen Flow verdient hast, dann wird das

Leben magisch, leidenschaftlich, lebendig und getrieben von Enthusiasmus und Intuition statt von den strengen Bestrafungstendenzen eines gebundenen Intellekts.

Ja, Kampf hatte seinen Platz. Er hat uns viel beigebracht. Die Menschheit hat ihn gewählt. Aber Leichtigkeit kann uns viel mehr zeigen. Wir können viel größere Liebe entdecken. In eine ganz neue Art zu denken und zu fühlen hinein vibrieren. Es lohnt sich SO sehr. Und dann können wir an den Wunden und der Trennung vorbei zurückkehren zur Ganzheit und Gemeinschaft.

» *Lasst uns Vitalität*
und Frieden am gleichen
Ort zusammenbringen.
Lasst uns mehr Witze
machen und weniger
Anstrengungen. «

Teil 7

Es ist genug, es ist reichlich

Vertrauen

Es gibt einen ganzen Planeten voller Menschen, die ihre aufgezwungenen Unsicherheiten ablegen. Sie WERDEN eine Zeitlang überkompensieren. Sie WERDEN im Übergang in die andere Richtung unausstehlich werden. Genieß es. Sieh es wie bei süßen Kindern, die nicht wissen, dass ihr natürlicher Überschwang wie übermäßiges Selbstbewusstsein herüberkommt. Wenn du sie als krank hinstellst oder sie beschämst, verlangsamst du nur deinen eigenen Fortschritt in diesem Bereich. Feiere diese Phase. Jubele dir selbst und anderen zu. Versuch nicht, die Leute zu bremsen, sie anzuklagen oder sie zu verurteilen. Keine Podeste und keine Mistgabeln. Das ist nicht deine AUFGABE. Wir reifen alle emotional und spirituell, und manchmal machen wir Rückschritte oder stolpern beim Tanz. Und ALLES ist … einfach PERFEKT.

In der letzten Zeit höre ich häufig von Männern wie von Frauen: »Ich habe nicht viel Selbstbewusstsein oder Selbstachtung.« Das ist okay. Ich verrate euch ein Geheimnis: NIEMAND HAT DAS. Wir alle versuchen, selbstbewusster, liebevoll positiver zu sein, echt an uns selbst zu glauben. Und wir fühlen uns alle manchmal wie linkische Teenager.

Die Leute, die am selbstbewusstesten wirken, sind nicht beeindruckend mutig oder draufgängerisch … Sie besitzen LEIDENSCHAFT. Begeisterung, Bereitschaft. Resilienz und Flexibilität. Und ich wette, du kannst auch in dir diese Dinge wieder finden und neu entfachen. Ich wette, du kannst dich erinnern, was dich wirklich antreibt und nährt, wenn du aufhörst zu denken, du müsstest eine Rolle spielen, eine Energie oder eine Haltung ausdrücken. Ich wette, du kannst aufhören, dich selbst ständig zu beurteilen, und anfangen, dich ein bisschen mehr zu feiern.

Das hat nichts mit Koketterie oder Arroganz zu tun, im Gegenteil. Es ist wirklich demütig zu sagen: »Ja, ich habe ein Recht hier zu sein. Ich bin ein Kind der Göttlichkeit. Ich bin aus einem bestimmten Grund hier. Ich kann meine Gaben, Liebe, Talente, meine Schönheit und mein Staunen mit der Welt teilen. Ja, meine Stimme zählt, und mein Herz spielt eine Rolle. JA.« Also hör auf zu denken, es müsse auf eine bestimmte Art sein. Sei einfach bereit. Bereit zu scheitern. Bereit zu wachsen. Bereit zu glänzen. Bereit zu fallen. Bereit aufzustehen. Bereit, neu anzufangen mit jedem Atemzug. Ja. Das ist kein falsches Spiel. Das ist *echt*.

Nimm alle deine alten, toten Gebete und deinen schalen Glauben. Schüttele sie alle zusammen wie in einer Schneekugel. Geh über Gott und Göttin, Kosmos und alte Texte, Hallmark und Disney, Poesie und Philosophie hinaus zu einem anderen Ort. Besuch die Moschee in deinen Zellen, den Tempel in deiner Haut, die Kirche in deinem Herzen. Geh und knie dort nieder. Leg dich nackt auf den Altar, der sich im Spiegel deines Blicks zeigt. Finde das Heilige darin. Das heilige *Allesjetzt*. Geh an der Zeit vorbei. Geh unter Verehrung und über Predigten. Geh herum und hindurch. Darüber hinaus und hinein. Finde die Weichheit deiner tiefsten Wahrheit.

Hör auf zu denken, es müsse hart oder schmerzhaft sein, um real oder es wert zu sein. Lass es leicht sein. Lass das Göttliche dich tanzen, singen, malen, atmen, pflanzen, ernten. Lass dich von den tosenden Stürmen der Verwandlung daran erinnern, dass du hier bist, um zu lieben, geliebt zu werden und dir deine Macht von jedem falschen Glauben oder gemeiner Angst, die sonst flüstert und schreit, zurückzuholen. Gib alles von dir selbst für die Liebe. Studiere sie. Bade darin. Lass dich von ihr formen und retten und lass dir helfen, dich zu erinnern, dass du nie zerbrochen warst. Das ist Hauptziel und Zweck deines Lebens. Alles andere ist nur der Zuckerguss und die Schaufensterdekoration.

Werde ein bereitwilliger Beginner. Sei selbstbewusst und neugierig. Besinn dich auf deine multidimensionale Meisterschaft. Mach kleine Schritte zwischen großen Vertrauenssprüngen. Gewinne, verliere, habe Erfolg, scheitere … und dann lach die Sterne an. Beweine den Mond. Sing deinen Ton in dem einen Lied. Und lass die, die dich hören können, ebenfalls ihren Ton im Lied singen. Mit demütigem Selbstbewusstsein und unverschämter Anmut.

Das Picknick

»Ich liebe mein Ego bedingungslos.« – CAW

Bevor ein selbst sabotierendes Muster wirklich sterben oder sich verändern kann, wird es zunächst einmal viel, viel lauter und ausgeprägter. Du wirst denken: Aber so bin ich doch gar nicht, und so wollte ich gar nicht mehr sein. Früher war ich so/habe das getan … aber jetzt weiß ich es doch besser. Nein. Dieser Teil von dir ist noch lebendig. Er hat bloß geschlafen. Und hier ist der Schüssel: Es ist okay. Es ist okay, dass dieses alte hässlichgemeineblödetraurige Bild, das du von dir hast, beschließt, noch einmal aus dem Sarg aufzutauchen und zu gucken, wie es dir geht. Es ist okay, dass es immer noch da ist, und vielleicht kämpfst du eine Weile mit ihm, versuchst, es erneut zu begraben, und bist ganz zufrieden mit dir selbst, weil du es integriert, losgelassen, geheilt oder anerkannt hast. Nein. Es wird wieder auferstehen und noch lauter werden, bis du es schließlich an der Skeletthand nimmst, mit ihm auf eine offene Wiese gehst und fragst: »Okay. Warum tun wir das? Wieso denken wir, dass uns das Sicherheit gibt? Was können wir dieses Mal anders machen?« Und dann zuckst du einfach mit den Schultern und lachst. Und du picknickst mit diesem Teil von dir. Und wenn das Lachen und das Picknick vorbei sind? Dann küsstbeißt dein widerliches Ich dich und geht weg. Vielleicht nicht für immer und ewig, aber vielleicht für eine lange Zeit. Bis es Zeit zum nächsten Picknick ist.

Ich bin sicher, wir haben alle schon einmal Diät gemacht, aber trotzdem einen Cupcake gegessen. Oder wir haben geschworen, wir würden nie wieder zum Ex zurückgehen, nur um dann heulend vor seiner Tür zu stehen. Das Picknick der Liebe sagt: »Es ist okay – du bist prachtvoll menschlich. Mach große Fehler und lerne die winzigen Lektionen. Immer wieder.« Manche werden unmittelbarer sein, manche werden in Mustern und Wellen ablaufen und dir ans Herz gehen, und schließlich werden sie deine Seele wieder zusammensetzen. Und letztlich wirst du gesündere Gewohnheiten entwickeln, was Denken, Beziehung und Sein angeht.

Akzeptiere dein Ego. Freunde dich mit ihm an. Liebe es. Hör auf, es zu beurteilen. Hör auf, so zu tun, als hättest du keines. Hör auf zu versuchen, es zu überwinden oder es als getrennt von deiner Seele anzusehen. Hör auf, auf das Ego anderer zu zeigen. Ego und Seele sind nur zwei Seiten der gleichen Münze. Sie führen keinen Krieg gegeneinander, es sei denn, du löst ihn aus. Also hol den Picknickkorb. Gibt es dort Ameisen? Natürlich. Aber mach dir darüber keine Gedanken. Sie sind auf ihrem eigenen Picknick.

Liebe unvollkommen

Strebe nicht danach, gut, besser, heilig, moralisch, rein, klar, clever, erleuchtet, erwacht oder weise zu sein. In einem Elfenbeinturm zu lieben. WIE LANGWEILIG. Strebe nicht danach, demütig, freundlich, mitfühlend oder bedingungslos liebend zu sein. Strebe überhaupt nicht. Lache stattdessen. Nimm das Leben, dich selbst, VIEL weniger ernst. Stell fest, dass du hierhergekommen bist, um unvollkommen zu lieben.

Lies das noch einmal. Und dann noch einmal. Hör auf, zu beurteilen und es »beobachten« zu nennen. Hör auf, dir Sorgen zu machen, dass du kein Recht auf ein Ego hättest. Liebe dein Ego und das der anderen bedingungslos. Wir leben auf einem wundervollen Planeten. Es ist *kein* Schachspiel. Lass alle Strategien fallen. Es ist *kein* Gefängnis. Leg die Angstfesseln ab, die du dir selbst angelegt hast. Es ist *keine* Falle. Es ist ein Spielplatz ständiger Schöpfung. WIR machen die Regeln.

Folge der Goldenen Regel, und du hast im Grunde alles, was du brauchst. Hör bloß auf, so verdammt hart an dir und an deinem Leben zu arbeiten. Hör einfach auf. Es ist anstrengend, ständig am Rad zu drehen. Hör mit diesem sturen Streben nach spiritueller Perfektion auf. Fließe. Fliege. Sei. Du bist genug. Genau JETZT.

Hör auf, an dir »zu arbeiten«. Du bist kein Projekt, kein Auto. Hör auf, Dinge »durchzuarbeiten«. Hör auf, danach zu suchen, was bei dir richtig oder falsch ist. Hör auf, dich reparieren oder aufbauen zu wollen. Beginne dich selbst zu lieben. Beginne, deine Macken gern zu haben. Alle. Zuck öfter mal mit den Schultern dem Leben gegenüber. Häng dich hinein. Beginne zu sehen, dass analytische Paralyse genauso schädlich ist wie tiefe Ablehnung. Beginne, dich ganz zu fühlen, ohne dich zuerst gebrochen gefühlt zu haben. Hör auf zu denken, du seiest ein Puzzle oder ein Problem, das gelöst werden müsse. Beginne dir klarzumachen, dass du ein großartiges Geheimnis göttlich menschlicher Anmut bist, das geliebt, geehrt und zutiefst akzeptiert werden muss.

Wir haben die Macht, Frieden, Leidenschaft und Liebe zu gebären und in jeden Moment Authentizität, Zuflucht und verkörperte Präsenz zu bringen. Durch uns. Mit jedem Wort. Den ausgesprochenen und den hinuntergeschluckten. Mit unseren Händen. Unseren Augen. Unseren Ohren. Unseren Gliedmaßen. Unseren großartig verschlungenen Gehirnen. Unseren prachtvollen glänzenden Herzen. Vergeude diese unendliche Anmut nicht an schäbiges Buchhalten, an Streitigkeiten über Kleinigkeiten. Lass diesen Kram davonfliegen mit dem Wind der Wahrnehmung, dass du, wie die Wolken, die am Himmel ziehen, zu einer ständig wechselnden Gestalt bestimmt bist.

In diesem wilden, freundlichen Wissen liegt große Freiheit. Das ist die Seele, die die Weiße Fahne schwenkt. Die sagt: »Ich muss dich nicht beurteilen, und ich habe auch nicht das Gefühl, dass du mich beurteilst.« Wir können unsere Bumerang-Hämmer weglegen. Sie sind nur anstrengend und albern. Wir sind beide viel zu klug für dieses Spiel. Lasst uns alle ein ganz neues Spiel spielen. Die Regeln erfinden wir während des Spiels. Oder wir halten uns einfach an die Goldene Regel. Und wir *wirbeln-atmen* uns zurück in wundersame Ganzheit. Gemeinsam.

Herzverstandsprache

Wir bewegen uns aus der Ära des Intellekts in die Ära der Herzintuition. Der Verstand benutzt Wörter wie »erwacht«, »erleuchtet«, »Wahrnehmung« und »Bewusstsein«.

Selbst-Verleugnung. Selbst-Opfer. Er benutzt Wörter wie »Ego« und »Bindung«, »Sünde« und »Verlangen«. Er diskutiert über seine eigene Existenz. Er leugnet Begehren. Er lehnt Bedürfnisse ab. Er ist starr und trocken. Verstand droht und trennt, weist Schuld zu, beschämt und verursacht Schmerzen. Herzverstand lädt ein. Herzverstand erlaubt. Empfängt. Öffnet. Fließt. Erinnert sich. Weiß. Nimmt an. Hat Vorstellungskraft. Ist üppig und sinnlich. Ehrt. Verneigt sich vor der Liebe und macht aus dem Trott dynamische Stille. Er channelt Göttlichkeit. Wenn wir den Verstand verehren, jagen wir in mentalen Angst-Spiralen unserem eigenen Schwanz hinterher. Wenn wir das Herz erforschen, ruhen wir süß in den heiligen Armen des Ewigen und Unendlichen. Wähle deine Götter weise.

Wir können alle korrekt und voller Angst sein ... oder glücklich und frei.

Eines Tages tut dir der Hintern weh, weil du zu lange auf dem Zaun gesessen hast. Du wirst aufgefordert, dich für eine Seite zu entscheiden. Liebe oder Angst. Wahrheit oder Illusion. Du musst aufhören, gemessen, geduldig, vernünftig, gemäßigt zu sein. Du musst mit wahrer Balance tanzen. Alles spüren, bevor du es weglegst. Deine Sicherheit riskieren. Dein Herz riskieren. Eines Tages wirst du diese Aufforderung willkommen heißen. Du wirst wild und frei mitten in das Herz des Feuersturms in dir gehen. Du wirst zwar Angst haben, aber du wirst tapfer sein. Du wirst das Entsetzen des Wissens, das du verborgen hast, spüren.

Und dann wirst du vom Zaun herunterkommen, von der Couch, dem Meditationskissen, du wirst aus deinem Elfenbeinturm steigen. Du wirst Matschengel machen. Du wirst deinen ersten wahren Atemzug tun. Du wirst dich erinnern. Und die Liebe wird dich auffangen.

Mein Verstand schätzt das Paradoxe, Möglichkeiten, die Spannung scheinbarer Gegensätze, die Leidenschaft-Schönheit von Poesie und die Gänsehaut des Geheimnisses mit offenem Ende. Mein Verstand begreift die Konzepte von Polarität, Dualität, Nicht-Dualität und Einheit. Mein Herz und mein Körper jedoch sehnen sich nach etwas Tieferem. Sicherheit (nicht Absicherung). Familie. Zuhause. Unverfälschte Sinnlichkeit. Grenzenlose Kreativität. Wilde Freiheit. Ein Wissen um meinen Platz in der Welt, ungeachtet meines Zip-Codes. Liebe, die mehr liebt als herausfordert. Mein Herz ist einfach klüger. Ebenso wie mein Bauch.

Ich höre jetzt mehr auf mein Herz und meinen Bauch. Wenn sie sich nicht sicher fühlen, machen sie zu. Die Wände werden dicker. Dann gerät mein Verstand in Panik und tobt. Wenn ich mein Schwingungsfeld beruhigen kann, dann ist mein Verstand auch dabei und reiht sich neben Herz und Bauch ein.

Mein Herz hat einen eigenen Verstand. Und es weiß, was es tut. Wirklich und wahrhaftig. Also laufe ich mittlerweile bei Dingen, die sich so anfühlen, als würden sie meiner Seele nicht gut tun, los. Diese Art von Laufen führt zu einem neuen, inneren Horizont. Es ist kein Weglaufen. Ich brauche nicht mehr zu entkommen, sondern ich komme in meiner eigenen Mitte an. Ich erinnere mich an meinen wahren Kern. Es ist mein Herzbauch-Verstand, der sagt: »Komm mit mir, ich kenne den Weg.«

Feiere deine Magie

Verändere das Mischungsverhältnis in deinem Leben, indem du Magie über Logik stellst. Lass die Logik die Magie unterstützen oder stopf ihr den zynischen, ignoranten Mund. Logik ist völlig beschränkt. Sie kann das große Geheimnis oder deinen Platz darin nicht erklären. Das kann dir nur die Magie zeigen, und zwar durch Gefühl und nicht durch rationale Gedanken. Das meiste, was uns als »rationale Gedanken« verkauft wird, ist sowieso Müll. Aber die Leute haben gelernt, sich davor zu verneigen. Sie zu verehren. Und ihre eigene Magie zu belächeln und klein zu machen, und die Magie anderer als Täuschung oder Illusion abzutun. Absolut rückschrittlich.

Hol dir deine Intuition zurück und ehre sie TIEF. Finde heraus, was dein besonderer Ansatz von Magie ist. Und beschütze ihn. Halt dich fern von negativen Menschen und Nörglern, die weder den Mut noch die Intelligenz besitzen, mit ihrer wundersamen Göttlichkeit zu kooperieren. Soll doch ihre Logik sie nachts warmhalten, während du auf einem magischen, multidimensionalen Teppich ins Abenteuer fliegst. Die Leute werden sagen: »Du brauchst einen Ausgleich, du musst doch auf dem Boden der Tatsachen bleiben.« Nein. Das ist nur noch mehr verrückte Logik, die absolut keinen Sinn macht. Sie ist linear und unvernünftig. Du brauchst nicht der Version eines anderen von ausgeglichen oder geerdet zu entsprechen. Das ist absolut unlogisch und völlig unvernünftig. Du musst deine eigenen Definitionen finden. Deine eigenen Rhythmen. Und deine eigene MAGIE.

Fantasie wird häufig ungerechtfertigt kritisiert. Wenn jemand sagt: »Das ist nicht real, das ist nur ein Ideal, eine Laune, eine Fantasie, eine Täuschung, ein Wunschtraum«, dann werden unsere Wünsche bei Sternschnuppen und Augenwimpern nur noch mehr. Wir träumen noch mehr von Einhörnern, Drachen und Feen. Wir sehnen uns nach dem perfekten Kuss, für den wir geboren wurden. Es ist echt tragisch, die Magie aufzugeben, weil sie mit uns verwoben ist. Sie ist unsere Geschichte, unser Schicksal und unsere wahre Kernnatur. Zynismus ist alberne Unreife. Realismus ist eine Illusion. Weisheit weiß, dass es immensen Mut erfordert, mitten in das Geheimnis hinein zu segeln. Die Liebe weiß, dass Poesie durch unsere Adern fließt. Wir müssen nur zuhören und uns daran erinnern, dass jede Zelle ein Wunder ist. Und jeder Gestaltwandler-Träumer weiß um dieses großartige Geheimnis, wie man im Traum halb wach bleibt, in die Dimensionen geht, reine Absichten hat und Magie und Hoffnung immer lebendig hält.

Aus Fantasie, Vorstellungskraft und dem Griff nach Magie entstehen viele Realitäten. Irgendwo muss es ja anfangen. Wir bezeichnen es nur als Fantasie, magisches Denken oder Täuschung, wenn wir etwas für völlig unerreichbar oder insgeheim für lächerlich halten. Früher einmal haben die Menschen Fliegen für eine verrückte Fantasie gehalten. Dass die Welt sich dreht, galt als absurd. Es war lachhaft, zum Mond fliegen zu wollen. Also … hege und pflege deine Fantasie. Feiere deine Vorstellungskraft. Tu sie nicht ab. Bleib dabei und überleg, was sie dir sagen will. Vielleicht ist es ein Traum aus einer anderen Zeit und von einem anderen Ort, der dich nach innen oder vorwärts ruft. Lass dich mitreißen. Tauch kühn ein. Befrage ihn. Freunde dich mit ihm an. Je wilder, desto besser.

Ich hatte eine Fantasie, die kürzlich wahr wurde, obwohl sie völlig bizarr und surreal war. Ich sah Paul Rudd in einem Film im Fernsehen und fragte mich beiläufig, wie es wohl sein mochte, ihn kennenzulernen, und kurz darauf stand er direkt vor mir, als ich während einer Geschäftsreise in Hollywood aus dem Aufzug kam. (Das war übrigens ein weiterer wahr gewordener Traum.) Du weißt es eben nie. Je ungeheuerlicher und unwahrscheinlich es erscheint, desto interessanter ist es doch. Du wirst dich an deine Ganzheit erinnern, an die Kraft, die in dir ist. Nenn sie Liebe. Nenn sie Magie. Und feiere sie.

Schick einfach Liebe

Schick Liebe an die führenden Politiker der Welt. An deine Nachbarn. In Kriegsgebiete. In den Spiegel. An gequälte Menschen und Tiere überall. Schick sie auch an fröhliche Menschen. An Menschen, die glücklich, gesund und erfolgreich sind. Liebe will nicht nur dorthin gehen, wo sie gebraucht wird. Sie will auch dort sein, wo sie willkommen ist.

Diese Liebe, die du schickst, bewirkt vielleicht die ultimative Rettung und Befreiung der Welt.

Wir haben alle nur zu gut gesehen, was Hass, Trennung und Angst ausrichten können. Und vielleicht sind ja Hippies und Kinder auf der richtigen Spur.

Alles, was wir brauchen, ist Liebe. Und Liebe braucht auch uns.

Sie braucht uns, damit wir die Hand danach ausstrecken, sie ausdrücken, neu definieren, sie fließen, schwimmen und fliegen und durch uns donnern und flüstern lassen. Nicht in einem fernen utopischen Irgendwann tritt diese Liebe auf. Sie ist hier. Jetzt. Und breitet sich immer weiter aus. Sie ist kein Trend. Kein Gedicht. Kein Gimmick und keine Zauberkugel. Sie ist die mächtigste und am meisten missverstandene Macht im Universum. Aber du musst sie nicht verstehen, um sie zu leben. Also schick einfach Liebe. Wenn du zweifelst, wenn du Angst hast, wenn du Schmerzen hast, wenn Chaos oder Verwirrung herrschen, schick sie. Und meine es auch so. Mit deiner Hand auf dem Herzen und geschlossenen Augen – schicke einen golden-pinken Lichtstrahl aus deinem vollen, schlagenden Herzen. Und lass sie auch bei dir herein, denn so funktioniert Liebe am besten. Liebe ist ein Geschenk. Freiwillig und häufig geschenkt und mit Anmut und Freude empfangen. Es gibt keinen richtigen oder falschen Weg, um es zu tun. Keine Bedingungen. Keine Kategorien. Nur LIEBE.

Und das ist wirklich genug. Es ist sogar reichlich.

Danksagung

Das ist jetzt also der große DANKE-Teil. Und ich möchte mich bei so vielen bedanken, die eine wichtige Rolle gespielt haben, um das immer interessante und sich stetig entwickelnde globale Gespräch zu entfachen und neu zu schreiben.

Womit beginne ich? Mit meinen Eltern. Sie sind seit 43 Jahren verheiratet, und ihre tiefe, gegenseitige leidenschaftliche und respektvolle Freundschaft und Liebesbeziehung hat mich so viel gelehrt. Außerdem … Ihr habt mich gemacht, und das ist ziemlich cool. Danke! Gut gemacht! (Physisch ist mein Dad nicht mehr hier, aber ich habe trotzdem das Gefühl, er zwinkert mir zu und umarmt mich dafür. Wir quatschen immer noch jeden Tag, und die Unterhaltungen sind nur umso interessanter geworden.)

Und wem soll ich noch danken? Dir. Dem Leser. Dem, der dieses Buch gekauft hat. Dass es dich gibt, wusste ich seit meinem 12. Lebensjahr. Jetzt bin ich 44, und wenn das Buch erschienen ist, werde ich 45 sein. Ich habe ganz schön lange gewartet, bis ich dich kennengelernt habe. Aber ich glaube, das Warten hat sich für uns beide gelohnt.

Arielle Ford, Brian Hilliard, Shayne Traviss, Viviana Medel, Elizabeth Gilbert, Colette Baron-Reid, Jill Virginia

Mangino (und RAYRAY), Stewart Pearce, Thierry Bogliolo und das tolle Team bei Findhorn Press.

Danke, dass ihr alle an mich geglaubt habt, die Gedanken untereinander weitergegeben und mir dabei geholfen habt, dieses Buch zu gestalten. Ab und zu habt ihr mich beim Geburtsvorgang auch schon mal buchstäblich vom Abgrund zurückgerissen. Ihr verkörpert bedingungslose Liebe auf echt absolut perfekte Art und Weise.

Tara Sabino, Melissa Harrison, Joyce Garabrant Trayner, Kelly Donovan, Dennis Donovan, Patti Wedegis, Marie Deschenes, Jessica-Patrice Dorsey Coulter, Lisa Campion, Edie Weinstein, Melissa Nitya Walsh, Sara Brandon, Jenny G. Perry, Evangeline Brennan-Workman und Andrew Workman. Danke für die Umarmungen, das Lachen und die sanften (und nicht so sanften) Überprüfungen der Perspektive. Und für alle anderen Liebeslektionen, die ich dabei gelernt habe.

Und schließlich ICH. Ich danke mir selbst. Meinem 12-jährigen Ich. Weil es diesen verrückten Traum nie aufgegeben hat. Meinem heutigen Ich. Und dem Ich, das noch aus mir wird.

Lieber Mensch: Ich liebe dich. Und jetzt: Na los, liebe dich selber.

Courtney A. Walsh

ist eine erfahrene Kommunikationsexpertin, die schon in frühen Jahren durch Europa und Asien reiste. Sie hat einen breit gefächerten Hintergrund in Marketing, Werbung, kreativem Schreiben, Film, Sprachen und Kulturwissenschaften. In Zusammenarbeit mit dem National Park Service, einer dem US-Innenministerium unterstellten Naturschutzbehörde, erstellte sie einen technischen Bericht über die Ursprünge der Freiheitsstatue. Sie platzierte ein Projekt bei MTV und veröffentlichte mehrere Artikel im *Portsmouth Herald*, einer in New Hampshire beheimateten Tageszeitung. Nach dem 2007 erschienenen Memoiren-Buch *Lipstick and Thongs in the Loony Bin* (Mit Lippenstift und Tangas in der Klapse) schrieb sie zwei Filmdrehbücher und einen Roman, bevor ihr spirituelles Meme *Dear Human. You've Got It All Wrong* (Lieber Mensch, du hast das alles falsch verstanden) auf Facebook viral ging. Auf der Grundlage dieses und der täglich folgenden inspirierenden Posts entstand das vorliegende Weisheitsbüchlein über Spiritualität heute und ein zeitgemäßes spirituelles Leben.

Ihre Posts sind frech, dreist, humorvoll und kenntnisreich. Sie sind der Schlüssel zu einem unbefangenen Denken, fortschrittlich und weitreichend, und sie eröffnen den Blick auf die eigene Seele. Versammelt im vorliegenden Buch, fordern sie den Leser auf, die eigene Unvollkommenheit zu umarmen, nach Kräften unbeschwert zu lieben und weiter zu lernen und zu wachsen. Sie zeigen, wie man alte Programme und konditionierte Denkweisen aufbricht, und bringen uns dazu, auf neue Weise über zeitlose Themen nachzudenken. Sie fordern uns auf, unsere menschliche und unsere göttliche Seite gleichermaßen zu ehren und miteinander zu verschmelzen.

Du darfst strahlen, fliegen, lachen und weinen, verletzt sein und heilen, hinfallen und wieder aufstehen – DU BIST PERFEKT! ist ein Liebesbrief an die Menschheit, geschrieben als lauter und anhaltender Weckruf, um uns vom bloßen Überleben zu einem Leben in Glück und Freude zu führen. Wir lernen durch Schmerz, wir erinnern uns durch Freude. Wir können dem spirituellen Perfektionismus unserer Zeit entsagen und unser ruhmreiches Menschsein umarmen. Liebe braucht keine Bedingungen ... nicht einmal, erklärt Courtney, die Bedingung der Bedingungslosigkeit.

Courtney über sich ...

»Ich habe immer leidenschaftlich gern die Welt bereist. Als Abenteurerin, Suchende, Zigeunerin – so kennen mich meine Freunde und meine Familie. Meine eigene Mutter ist dazu übergegangen, meine Adresse in ihrem Adressbuch nur noch mit Bleistift einzutragen. Ich wechsle meinen Aufenthaltsort öfter als manche Leute ihre Kleidung. Laufe ich vor dem Gesetz davon? Nein. Habe ich eine ungewöhnlich kurze Aufmerksamkeitsspanne? Vielleicht. Aber da ich bei einer Großmutter aufgewachsen bin, die eine imposante Sammlung von Erinnerungsstücken ihrer Reisen quer durch Europa und Asien besaß, hat mich das Reisefieber schon früh gepackt. Allein um ihre Sammlung ausländischer Münzen würde sie jeder eBay-Händler beneiden. Ihre Erzählungen von exotischen Orten weckten in mir das Verlangen, meinen Horizont so oft und so sehr wie möglich zu erweitern. Ob mit sechzehn bei einer Gastfamilie in Mexiko, bei einem Auslandssemester in Spanien oder per Bahn unterwegs in Portugal, Italien, Griechenland und Marokko – oder später in Japan. Ich bin ganz versessen auf eigenartiges Essen, einzigartige Kulturen, die Herausforderungen fremder Sprachen und einfach jede Menge reinen, guten Spaß!«

www.squeezingthestars.com

www.facebook.com/loonybus

courtneyawalsh@gmail.com